सन्तुलित भोजन

सन्तुलित भोजन

[गृह मंत्रालय राजभाषा विभाग के राष्ट्रीय पुरस्कार
से महामहिम राष्ट्रपति द्वारा पुरस्कृत पुस्तक]

डॉ. प्रेमचन्द्र स्वर्णकार
एम.बी.बी.एस., एम.डी.

ज्ञान-विज्ञान प्रकाशन
नई दिल्ली-110 002

ISBN : 978-93-81863-73-2

मूल्य : ₹450

पहला संस्करण : 2019
दूसरा संस्करण : 2024

प्रकाशक : ज्ञान-विज्ञान प्रकाशन
1-बी, नेताजी सुभाष मार्ग, दरियागंज
नई दिल्ली-110 002
शाखाएँ : अशोक राजपथ, साइंस कॉलेज के सामने, पटना-800 006
पहली मंजिल, दरबारी बिल्डिंग, महात्मा गांधी मार्ग, प्रयागराज-211 001
1, अनमोल सोराबजी संतुक लेन, धोबी तलाव, मरीन लाइंस, मुम्बई-400 002
वेबसाइट : www.rajkamalprakashan.com
ई-मेल : info@rajkamalprakashan.com

मुद्रक : बी.के. ऑफसेट
नवीन शाहदरा दिल्ली-110 032

SANTULIT BHOJAN
by Dr. Premchandra Swarnkar

श्रद्धेय पूज्य पिताजी की प्रथम पुण्य तिथि
(9 सितम्बर, 2006) पर ईश्वर से इस प्रार्थना के साथ
कि हमारे देश में कोई भी कुपोषण
ग्रस्त या भूखा न रहे।

प्रारम्भ

कुपोषण जो प्रायः पर्याप्त सन्तुलित आहार के अभाव में होता है हमारे देश के लिए आज भी एक बड़ी समस्या है। बच्चों और स्त्रियों के अधिकांश रोगों की जड़ में कुपोषण ही होता है। स्त्रियों में रक्ताल्पता या घेंघा रोग अथवा बच्चों में सूखा रोग या रतौंधी और यहाँ तक कि अंधत्व भी कुपोषण के ही दुष्परिणाम हैं। इसके अलावा ऐसे पचासों रोग हैं जिनका कारण अपर्याप्त या असन्तुलित भोजन होता है। लेकिन यह एक विडम्बना ही कहलाएगी कि आजादी के 60 वर्ष पश्चात् भी प्रति वर्ष लाखों व्यक्ति कुपोषण के शिकार होते हैं। यदि आंकड़ों पर विश्वास करें तो देश में लगभग आधे बच्चों की संख्या कुपोषण ग्रस्त है। इसी तरह कुपोषित स्त्रियों की संख्या भी कम नहीं है और यह द्रष्टव्य है कि हमारे यहां मातृ-शिशु मृत्यु दर बढ़ी होने का एक बड़ा कारण कुपोषण भी है। कुपोषण से रोग प्रतिरोधक क्षमता भी कम हो जाती है जिससे बच्चों में संक्रामक रोगों की दर बढ़ती है। कुपोषणजनित रक्ताल्पता के कारण प्रसव के दौरान माँ अथवा उत्पन्न होने वाले शिशु की मृत्यु की सम्भावना भी अधिक होती है। कुछ राज्यों में तो 50 प्रतिशत से अधिक बच्चे कुपोषित और प्रत्येक तीन स्त्रियों में दो स्त्रियाँ रक्ताल्पता से ग्रसित पाई गई हैं।

इस तरह कुपोषण की समस्या हमारे समाज और देश के लिए एक अभिशाप से कम नहीं है। विशेषज्ञों का मानना है कि यदि कुपोषण की समस्या हल कर ली जाए तो कई तरह की बीमारियों पर नियन्त्रण हो जाएगा। हमारे देश के कुछ प्रदेशों में कुपोषण से हुई मौतों का आँकड़ा भी चिन्ताजनक है। शहरी आबादी की अपेक्षा गाँव-देहातों, विशेषकर आदिवासी क्षेत्रों के बच्चे और महिलाएँ कुपोषण से अधिक ग्रस्त हैं। इनमें कुपोषण जनित रक्त की कमी से लगभग 70% महिलाएँ ग्रस्त पाई गईं हैं। इसी तरह कहीं-कहीं 60% तक बच्चे कुपोषित मिले हैं। इस प्रकार कुपोषण की समस्या एक गम्भीर स्वास्थ्य समस्या बनी हुई है।

ऐसा नहीं है कि कुपोषण पर नियन्त्रण की दिशा में प्रयास नहीं हो रहे हैं। स्कूलों में मध्याह्न भोजन एवं बाल संजीवनी जैसे कार्यक्रमों से कुपोषण में कुछ कमी भी परिलक्षित हुई है। परन्तु अभी भी दूरस्थ क्षेत्रों में सन्तुलित भोजन लेने के सम्बन्ध में उतनी जागरूकता नहीं आई है। इस जागरूकता के लिए अन्य श्रव्य एवं दृश्य माध्यम तो सहायक हैं ही लेकिन बोधगम्य भाषा में लिखित सचित्र पुस्तकों की भी अपनी

उपयोगिता है। विषय की सिलसिलेवार आवश्यक जानकारियाँ पुस्तकें ही दे सकती हैं और इन्हीं तथ्यों को दृष्टिगत रखकर मैंने कुपोषण और सन्तुलित और पौष्टिक भोजन पर यह पुस्तक बड़े परिश्रम से तैयार की है।

इस पुस्तक में मैंने भोजन सम्बन्धी सभी आवश्यक बातों को समाहित करते हुए कुपोषण क्या है, उसके कारण एवं उसकी पहचान क्या है, उसके द्वारा कौन-सी बीमारियाँ उत्पन्न हो सकती हैं और इनसे कैसे सुरक्षित रहा जा सकता है इत्यादि की चर्चा की है। पुस्तक को दो भागों में विभाजित किया गया है—पुस्तक के प्रथम भाग में कुपोषण और कुपोषण जन्य अन्य रोगों की भी चर्चा है। रोगों से सुरक्षित रहने के तरीके भी बतलाए गए हैं, इसके साथ ही बच्चों और स्त्रियों के कुपोषण के साथ जुड़ी दो बीमारियाँ रक्ताल्पता एवं कृमिरोग का अलग से वर्णन किया गया है। कुपोषण में मिलावट की भी भूमिका है। हो सकता है लोग पर्याप्त भोजन करते रहें लेकिन वे कुपोषण जन्य रोगों से ग्रस्त हो जाएँ। अतः मैंने एक अध्याय में मिलावट और उसे पता करने के उपाय भी बतलाए हैं। जीवन रक्षक घोल और उसे घर पर तैयार करने की विधि का भी वर्णन किया है। स्कूलों में मध्याह्न भोजन की चर्चा करते हुए रोगी के खान-पान के बारे में भी बतलाया है। इसके अलावा पुस्तक में पर्याप्त तालिकाएँ और चित्र भी दिए गए हैं।

द्वितीय भाग में सन्तुलित भोजन, हमारी पोषण आवश्यकताएँ क्या हैं, यह बतलाते हुए देश-प्रदेशों में उपलब्ध विभिन्न खाद्यों की चर्चा करते हुए सन्तुलित भोजन और इसे लेने के बारे में बतलाया है। इसके बाद सस्ता पौष्टिक आहार कैसे प्राप्त करें, बच्चों एवं महिलाओं का भोजन कैसा हो इसके बारे में विस्तार से बतलाया है। इसके साथ ही शिशुओं के आहार में सावधानियाँ भी बतलाई गई हैं। फिर फल, सब्जियों, रसाहार एवं पौष्टिक खाद्यों की चर्चा की है। भोजन की स्वच्छता के बारे में भी एक अध्याय मैंने लिखा है।

अतः पुस्तक आम पाठकों के साथ ही स्वास्थ्यकर्मियों एवं आँगनबाड़ी कार्यकर्ताओं के लिए भी समान रूप से उपयोगी है। मुझे विश्वास है कि मेरी अन्य स्वास्थ्य सम्बन्धी पुस्तकों की तरह प्रस्तुत पुस्तक भी लोकप्रिय और उपयोगी साबित होगी। पुस्तक के कुछ चित्रों के लिए मैं प्रियदर्शन चौधरी एवं पुस्तक की तैयारी में भाई सचिन असाटी जी को धन्यवाद ज्ञापित करता हूँ।

मुझे आपके अमूल्य सुझावों की भी अपेक्षा रहेगी।

डॉ. प्रेमचन्द्र स्वर्णकार

अनुक्रम

प्रथम भाग : कुपोषण एवं रोग

द्वितीय भाग : सन्तुलित भोजन

प्रथम भाग

कुपोषण एवं रोग

1

कुपोषण और कुपोषणजन्य रोग

हमारे यहाँ गरीबी और जानकारी के अभाव में कुपोषण एक आम समस्या है। शरीर के लिए आवश्यक सन्तुलित आहार लम्बे समय तक न मिलना ही कुपोषण है। कुपोषण के कारण बच्चों और महिलाओं की रोग प्रतिरोधक क्षमता कम हो जाती है, जिससे वे आसानी से कई तरह की बीमारियों के शिकार बन जाते हैं। अतः कुपोषण की जानकारियाँ होना अत्यन्त जरूरी है।

कुपोषण को कैसे पहचानें

यदि मानव शरीर को सन्तुलित आहार के जरूरी तत्त्व लम्बे समय न मिलें तो निम्नलिखित लक्षण दिखते हैं। जिनसे कुपोषण का पता चल जाता है।

1. शरीर की वृद्धि रुकना।
2. मांसपेशियाँ ढीली होना अथवा सिकुड़ जाना।
3. झुर्रियाँ युक्त पीले रंग की त्वचा।
4. कार्य करने पर शीघ्र थकान आना।
5. मन में उत्साह का अभाव और चिड़चिड़ापन तथा घबराहट होना।
6. बाल रूखे और चमक रहित होना।
7. चेहरा कान्तिहीन, आँखें धँसी हुई तथा उनके चारों ओर काला वृत्त बनना।
8. शरीर का वजन कम होना तथा कमजोरी।
9. नींद तथा पाचन क्रिया का गड़बड़ होना।
10. हाथ पैर पतले और पेट बढ़ा होना या शरीर में सूजन आना (अक्सर बच्चों में)।

किसी व्यक्ति या बच्चे में उक्त लक्षणों में से एक या दो अधिक लक्षण दिखे तो डॉक्टर को दिखलाना चाहिए। वह पोषक तत्त्वों की कमी का पता लगाकर आवश्यक दवाइयाँ और खाने में सुधार के बारे में बतलाएगा।

कुपोषण के कारण

विकसित राष्ट्रों की अपेक्षा विकासशील देशों में कुपोषण की समस्या अधिक विकराल

है। इसका प्रमुख कारण है गरीबी। धन के अभाव में गरीब लोग पर्याप्त, पौष्टिक चीजें जैसे दूध, फल घी इत्यादि नहीं खरीद पाते। कुछ तो केवल अनाज से मुश्किल से पेट भर पाते हैं। लेकिन गरीबी के साथ ही एक बड़ा कारण अज्ञानता तथा निरक्षरता भी है। अधिकांश लोगों, विशेषकर गाँव, देहात में रहने वाले व्यक्तियों को सन्तुलित भोजन के बारे में जानकारी नहीं होती, इस कारण वे अपने और अपने बच्चों के भोजन में आवश्यक वस्तुओं का समावेश नहीं करते, इस कारण वे स्वयं तो इस रोग से ग्रस्त होते ही हैं साथ ही अपने परिवार को भी कुपोषण का शिकार बना देते हैं। इनके अलावा कुछ और कारण निम्न हैं—

गर्भावस्था के दौरान लापरवाही

भारत में हर तीन गर्भवती महिलाओं में से एक कुपोषण की शिकार होने के कारण खून की कमी अर्थात् रक्ताल्पता की बीमारी से ग्रस्त हो जाती हैं। हमारे समाज में स्त्रियाँ अक्सर अपने स्वयं के खान-पान पर ध्यान नहीं देतीं। जबकि गर्भवती स्त्रियों को ज्यादा पौष्टिक भोजन की आवश्यकता होती है। उचित पोषण के अभाव में गर्भवती माताएँ स्वयं तो रोग ग्रस्त होती ही हैं साथ ही होने वाले बच्चे को भी कमजोर और रोग ग्रस्त बनाती हैं। अक्सर महिलाएँ पूरे परिवार को खिलाकर स्वयं बचा हुआ रूखा-सूखा खाना खाती हैं, जो उनके लिए अपर्याप्त होता है।

तालिका-1

सन्तुलित भोजन के प्रमुख पोषक तत्त्व, उनके स्रोत एवं उनकी कमी से उत्पन्न शारीरिक लक्षण

पोषक तत्त्व	उनके प्रभाव	स्रोत	कमी के लक्षण
कार्बोहाइड्रेट (माँड़ तथा शक्कर)	शरीर की ईंधन (कैलोरी) पूर्ति करते हैं।	चावल, गेहूँ, अन्य अनाज, आलू चीनी, गुड़।	वजन में कमी, कमजोरी, मूर्च्छा।
प्रोटीन	ऊतकों का निर्माण व मरम्मत करते हैं और कैलोरी की कमी होने पर ईंधन के रूप में इन्हें जलाया जाता है।	दालें, दूध, अंडे, अंडे, मछली, मांस।	विलम्बित विकास, न्यूनभार, वजन घटना, अस्वस्थता।
चर्बी और तेल	गाढ़ी कैलोरियाँ देते हैं और विटामिनों (ए, डी, ई) से युक्त होते हैं।	सब्जियाँ पकाने के तेल, वनस्पति, घी, मूँगफली, तिलहन।	न्यूनभार, शुष्क त्वचा।

तालिका-2

कुछ लघु परन्तु महत्त्वपूर्ण पोषक तत्त्व (विटामिन)

पोषक तत्त्व	उनके प्रभाव	स्रोत	कमी के लक्षण
ए	विकास, दृष्टि, स्वस्थ त्वचा उत्तम दाँत और हड्डियाँ, संक्रामक रोगों से बचाव।	हरी पत्तेदार सब्जियाँ, पीले फल (पपीता, आम), गाजर, कलेजी।	खुरदरी, शुष्क त्वचा, तीव्र प्रकाश में कम दिखाई देना, असह्य तेज प्रकाश, अन्धता तक हो जाना।
सी	संक्रामक रोगों के अवरोध की क्षमता, दाँतों और मसूड़ों की रक्षा, शरीर की कणिकाओं का निर्माण एवं मरम्मत।	आँवला, नीबू, चूना, सन्तरा, टमाटर, सैंजन की पत्तियाँ, बन्दगोभी, अंकुरित दालें एवं चना	शीघ्र खून आ जाना, देर से जख्म भरना, ढीले दाँत, मसूड़ों में छिद्र हो जाना
बी 10 फालिक एसिड	लोहिताणुओं का निर्माण	मांस, कलेजी, अंडे, दूध, मांस, कलेजी, दालें, बीन, चने, हरी पत्तेदार सब्जियाँ।	औरतों में एनीमिया (खून की कमी) गर्भवती महिलाओं तथा बच्चों में एनीमिया (रक्तक्षीणता)।
थायमीन (बी 1)	कार्बोहाइड्रेट का शरीर में सही उपयोग।	अनपिसे गेहूँ और चावल, दालें, मांस, कलेजी	भूख कम लगना, कब्ज, आलस्य।
रिबोफ्लेबिन (बी 2)	कणिकाओं द्वारा सुचारु कार्य तथा विकास।	कलेजी, दालें, दूध, घी, पत्तेदार सब्जियाँ।	रुक्ष आँखें, मुँह का अटपटा स्वाद, मुँह के किनारों का कटना, शुष्क त्वचा।
नियासिन	कार्बोहाइड्रेट का सही उपयोग, कणिकाओं का सही कार्य और विकास।	मूँगफली, दालें, गेहूँ, अनपिसे चावल।	सुर्ख, खुजलीदार त्वचा, भूख न लगना और दस्त की बीमारी।

तालिका-3

खनिज पदार्थ

पोषक तत्त्व	उनके प्रभाव	स्रोत	कमी के लक्षण
कैल्शियम	दाँत व हड्डियाँ मजबूत बनाना, खून के थक्के बनाना।	दूध, मलाई उतारा हुआ दूध, मछली, रागी, दालें, धनिये के बीज, तिलहन।	विलम्बित विकास, खराब दाँत और हड्डियाँ (रिकेट)।
लोहा	लोहिताणुओं का निर्माण।	हरी पत्तेदार सब्जियाँ, रागी, बाजरा, मेथी, जिगर, अंडे।	अनीमिया (रक्तक्षीणता)।

शिशुओं के पोषण में लापरवाही

हमारे यहाँ कुपोषण के कारण एक वर्ष से कम आयु के 10 प्रतिशत से लेकर 20 प्रतिशत तक शिशुओं की मृत्यु हो जाती है। इसी तरह एक से लेकर तीन वर्ष तक के बच्चों में कुपोषण के कारण 20 प्रतिशत तक बच्चे दम तोड़ देते हैं। छोटे बच्चों में तेजी से विकास होने के कारण उन्हें उचित पोषक आहार की अत्यंत जरूरत होती है। लेकिन जानकारी के अभाव अथवा गरीबी के कारण माता-पिता उनके लिए पोषक आहार नहीं जुटा पाते हैं और वे धीरे-धीरे कुपोषण के शिकार हो जाते हैं।

असन्तुलित भोजन

कई बार बच्चा या प्रौढ़ व्यक्ति भरपेट भोजन करने के बावजूद कुपोषण का शिकार बन सकता है। इसमें उसकी पसन्द अथवा नापसन्द का भी दोष होता है। कई लोग अपनी पसन्द की ही दो-तीन चीजें खाते हैं। बाकी पौष्टिक चीजें नापसन्द होने के कारण खाते ही नहीं हैं। मतलब किसी को दाल चावल पसन्द है तो वह केवल उसी से पेट भर लेते हैं। हरी सब्जियाँ, सलाद, फल अथवा दूध लेते ही नहीं हैं। इस कारण बहुत से विटामिन्स, खनिज-लवण उन्हें मिल ही नहीं पाते। कई बच्चे भी ऐसी ही आदतों के कारण कुपोषण के शिकार हो जाते हैं।

अधिक व्रत या उपवास

भारतीय स्त्रियों में कुपोषण का एक कारण अधिक व्रत उपवास है। सप्ताह में एकाध उपवास ठीक है, लेकिन सप्ताह में तीन-तीन उपवास रखने हों तो उनके शरीर में पोषक तत्त्वों की कमी हो जाती है और वे कुपोषण की शिकार बन जाती हैं।

मानसिक तनाव

मन प्रसन्न न हो और तनाव ग्रस्त हो तो भूख कम लगती है। इस कारण व्यक्ति भोजन की ओर ध्यान नहीं दे पाता। जैसे परीक्षाओं में छात्र कम खाना खाते हैं या कोई दुःख या तनाव वाली घटना के समय भी कई दिनों तक कम खाते हैं, इससे भी वे कुपोषण के शिकार बन सकते हैं।

कुपोषण से होने वाली प्रमुख बीमारियाँ एवं उनका इलाज और बचाव

(अ) प्रोटीन की कमी से होने वाले रोग

क्वाशिओरकर

प्रोटीन युक्त आहार पर्याप्त मात्रा में बच्चों को न देने के कारण यह रोग होता है और गरीब परिवार के बच्चे इससे अधिक प्रभावित होते हैं। इस रोग के लक्षण हैं—शरीर

में सूजन आना और विकास रुक जाना। स्वभाव में चिड़चिड़ापन होने के साथ खून की कमी एवं दस्त लगना। इसमें रोगों से लड़ने की शक्ति भी कम हो जाती है।

इलाज–प्रोटीन युक्त आहार जैसे दूध, सोयाबीन, दालें, अंडे और इनसे बने खाद्य देना चाहिए। साथ ही चिकित्सक की सलाह भी लेनी चाहिए।

मरासमस

प्रोटीन कैलोरी की कमी से होने वाले इस रोग में बच्चों का शरीर सूखकर काँटा हो जाता है। यह रोग भी गरीब घर के बच्चों में पौष्टिक भोजन न मिलने के कारण अक्सर होता है। इस रोग में बच्चा बहुत दुबला और कमजोर हो जाता है।

इलाज–पूर्व में बतलाए अनुसार अधिक प्रोटीन वाला आहार दिन में कई बार देना चाहिए, साथ ही डॉक्टर से सलाह भी लेनी चाहिए ताकि वह दवा भी दे सके।

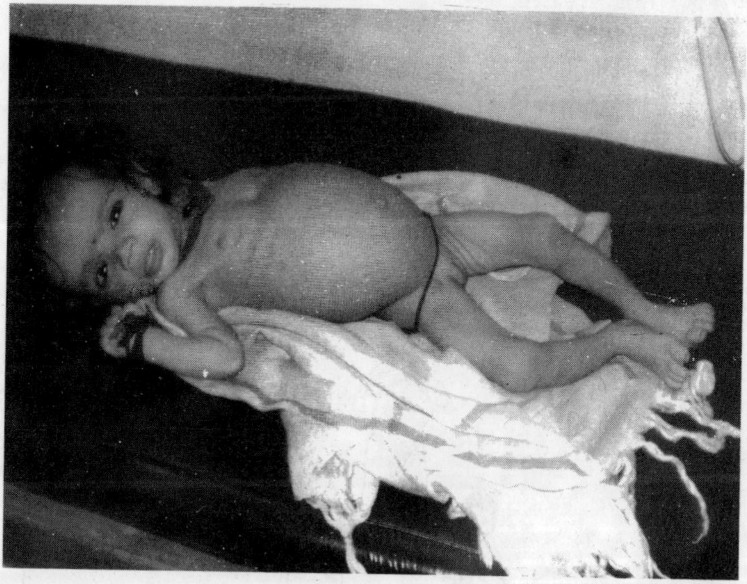

कुपोषित बच्चा

(ब) विभिन्न प्रकार के विटामिन्स की कमी से होने वाली बीमारियाँ

शरीर को विटामिन्स की बहुत ही थोड़ी मात्रा की जरूरत होती है। लेकिन यदि ये शरीर को भोज्य पदार्थों से प्राप्त न हो तो कई तरह की खतरनाक बीमारियाँ उत्पन्न हो जाती हैं। किस विटामिन की कमी से कौन सी प्रमुख बीमारी हो जाती है, यह जानना भी जरूरी है। साथ ही सम्बन्धित विटामिन की पूर्ति कैसे हो इसकी जानकारी भी होना चाहिए। अतः संक्षेप में रोगों के कारण, चिकित्सा और बचाव के बारे में बतलाया जा रहा है।

अन्धापन तथा रतौंधी

रतौंधी एक सामान्य बीमारी है, जो बच्चों एवं बड़ों में विटामिन 'ए' की कमी के कारण होती है। रोग में अन्धेरा घिरने पर शाम या रात्रि के समय दिखलाई नहीं देता। यदि शीघ्र उचित इलाज न करवाया जाए तो रोग ग्रस्त व्यक्ति या बच्चा अन्धा हो सकता है। हमारे यहाँ प्रति वर्ष हजारों बच्चे विटामिन 'ए' की कमी से अन्धे हो जाते हैं। जबकि इस तरह के होने वाले अन्धेपन को पर्याप्त विटामिन 'ए' युक्त आहार लेते रहने से रोका जा सकता है। रतौंधी रोग के लक्षण निम्नलिखित हैं–

दृष्टि में धीरे-धीरे धुँधलापन आना, त्वचा एवं बाल खुश्क हो जाते हैं तथा उनकी चमक चली जाती है। रोगी को कम दिखलाई देता है और पर्याप्त इलाज के अभाव में उसे कुछ भी दिखना बन्द हो जाता है।

इलाज–विटामिन 'ए' की अधिकता वाला आहार जैसे–घी, मक्खन, दूध, फल, हरी सब्जियाँ, गाजर, मूँगफली इत्यादि देना चाहिए तथा डॉक्टर की सलाह से विटामिन 'ए' के इंजेक्शन अथवा गोलियाँ या कैप्सूल (ए-डी कैप्सूल) रोगी को खिलाना चाहिए अथवा छोटे बच्चों को विटामिन-ए का सीरप भी चिकित्सक की सलाह से पिलाया जा सकता है।

बचाव–शुरू से विटामिन 'ए' युक्त सन्तुलित आहार लें। समय-समय पर बच्चों को विटामिन 'ए' का घोल पिलवाएँ। आजकल स्कूलों में बच्चों को यह घोल पिलवाया जाता है।

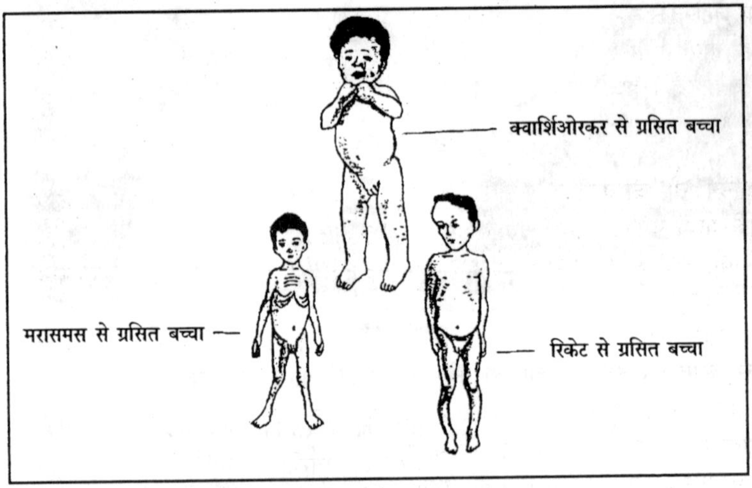

कुपोषणजन्य रोग (तीन बच्चे, तीन बीमारियाँ)

प्रोटीन की कमी से क्वार्शिओरकर एवं मरासमस रोग हो जाते हैं और विटामिन 'डी' की कमी से रिकेट नामक रोग हो जाता है

सूखा रोग (रिकेट्स)

जानकारी का अभाव और दकियानूसी रीति-रिवाज भी इस बीमारी को बढ़ाने में मददगार हैं। मतलब छोटे बच्चों को कई-कई कपड़ों से पूरी तरह ढँककर रखा जाता है। इस कारण उनके शरीर में धूप नहीं लग पाती और फिर शरीर की त्वचा विटामिन 'डी' नहीं बना पाती, क्योंकि जैसा कि बतलाया जा चुका है कि विटामिन 'डी' का निर्माण त्वचा पर धूप लगने से होना है। यह रोग एक साल से कम के बच्चों को अधिक होता है। लेकिन बच्चा जब स्वयं चलने फिरने लगता है तो बहुत से बच्चों में यह रोग स्वयं दूर हो जाता है। कैल्शियम की कमी भी सूखा रोग को बढ़ाती है।

रोग में त्वचा की लालिमा कम हो जाती है तथा मांसपेशियाँ ढीली पड़ जाती है। सिर से काफी पसीना आता है। पेट बढ़ जाता है। शिशु का विकास रुक जाता है तथा दाँत देर से निकलते हैं।

हड्डियों में परिवर्तन रिकेट्स का प्रमुख लक्षण है। इसमें जोड़ों की, सिर तथा पैरों एवं सीने की हड्डियों में असामान्यता पैदा हो जाती है। पैर की हड्डियाँ मुड़ जाती हैं और खड़े होने पर रोगी के दोनों घुटने आपस में टकराते हैं। ये हड्डियाँ धनुषाकार की हो जाती हैं।

इलाज–चिकित्सक की सलाह से विटामिन 'डी' एवं कैल्शियम बच्चे को दिया जाता है। कैल्शियम युक्त आहार के लिए बच्चे को कम से कम आधा लीटर दूध रोज पिलाना चाहिए।

बचाव–बचाव के लिए बच्चों को अनावश्यक कपड़ों से ढँककर नहीं रखना चाहिए तथा जहाँ तक सम्भव हो उसे पर्याप्त मात्रा में दूध पिलाएँ, ताकि कैल्शियम की कमी न हो पाए। चिकित्सक की सलाह से उसे कैल्शियम युक्त टॉनिक या गोलियाँ भी दी जा सकती हैं। बच्चों को रोज नंगे बदन थोड़ी देर के लिए धूप में रखना चाहिए।

स्कर्वी रोग

विटामिन 'सी' की कमी के कारण होने वाली यह बीमारी शुरू में लम्बे समय के लिए समुद्री यात्रा पर जाने वाले नाविकों में पाई गई थी, जो लोग लम्बे वक्त तक ताजी सब्जियों, फलों का सेवन नहीं कर पाते उनमें स्कर्वी नामक रोग हो जाता है। रोग बच्चों की अपेक्षा बड़ों में अधिकतर पाया गया है।

लक्षण–मसूड़ों में सूजन आना एवं उन्हें छूने पर खून निकलना। दाँत ढीले होकर हिलने लगते हैं। कई बार गिर भी जाते हैं।

शरीर की त्वचा से खून निकलता है। यह खून बालों की जड़ों से रिसता है। इसके अलावा नाक और हड्डी के रास्ते से भी खून आ सकता है। शरीर में घाव होने पर वह भरता भी नहीं है। रोगी खून की कमी अर्थात् एनिमिया से भी ग्रस्त हो जाता है।

विटामिन 'सी' की रक्त जमाने में भी भूमिका होती है। इसकी कमी की रक्त में जाँच कर स्कर्वी रोग का पता करते हैं।

इलाज–विटामिन 'सी' की गोलियाँ पर्याप्त मात्रा में देने के साथ ही रोगी को ताजे

फल विशेषकर आँवला, संतरा, मौसमी, अमरूद तथा हरी सब्जियाँ खाने को दी जाएँ तो इससे रोगी स्वस्थ हो जाता है।

बचाव–विटामिन 'सी' अमरूद, संतरा, आँवला जैसे फलों में खूब होता है। अतः बचाव के लिए इनका नियमित सेवन करना चाहिए। ताजी हरी सब्जियों तथा अंकुरित अनाजों में भी यह विटामिन पाया जाता है। अतः इन वस्तुओं का सेवन भी 'स्कर्वी' से बचा जा सकता है।

जो लोग लम्बे समय के लिए समुद्र की यात्राओं पर जाते हैं, उन्हें पर्याप्त मात्रा में विटामिन 'सी' गोलियाँ अपने साथ ले जानी चाहिए और नियम से उनका सेवन करना चाहिए।

याद रखें विटामिन 'ए' के अभाव से बच्चा अन्धा भी हो सकता है।

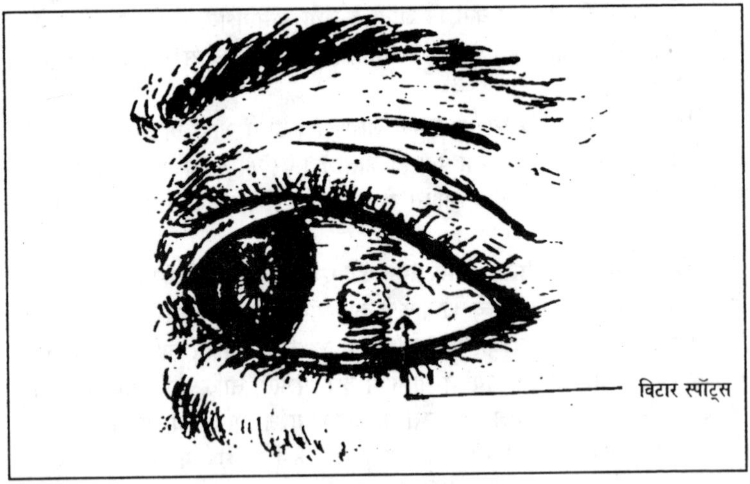

विटामिन 'ए' के अभाव में आँखों में आए विटार स्पॉट्स

विटामिन 'ए' की कमी को दूर करने के लिए बच्चों को विटामिन 'ए' का घोल पिलवाएँ

बेरी-बेरी रोग

यह बीमारी विटामिन 'बी' समूह के विटामिन बी-1 की कमी के कारण होता है तथा दक्षिण पूर्वी एशिया में प्रायः पाई जाती है। हमारे यहाँ यह रोग खूब होता है।

कारण–बीमारी छिलके निकाले हुए अनाज (पालिश्ड) सेवन करने वालों को होती है। अत्यधिक परिश्रम करने वाले व्यक्तियों तथा गर्भवती महिलाओं को भी यह रोग हो सकता है।

लक्षण–शुरू में भूख न लगना, थकान, घबड़ाहट तथा पैरों में भारीपन जैसे शिकायतें होती हैं। सीने में दर्द तथा धड़कन बढ़ जाती है। इसके अलावा चेहरे तथा पैरों में थोड़ी सूजन भी आ सकती है एवं दोनों पैरों में सुइयों के चुभने जैसे अहसास के साथ निचले पैरों की त्वचा शून्य पड़ जाती है या अति संवेदनशील हो जाती है और रोगी का चलना मुश्किल हो जाता है। कुछ रोगियों को साँस लेने में भी कठिनाई होती है।

रोग की पहचान प्रयोगशाला में रक्त की जाँच द्वारा हो पाती है। ऊपर दिए गए लक्षण होने पर तुरंत चिकित्सक से संपर्क करना चाहिए, क्योंकि बेरी-बेरी रोग में हृदय अपना कार्य करना बन्द (हार्ट फेल) कर सकता है।

इलाज–इंजेक्शन द्वारा विटामिन बी-1 दिया जाता है। साथ ही सूजन कम करने के लिए अधिक पेशाब जाने वाली दवाइयाँ दी जाती हैं। छोटे दूध पीते बच्चों के इलाज में उनकी माता को भी थाइमिन की खुराक दी जाती है।

पेलेग्रा

यह रोग अक्सर मक्का के आटे का सेवन करने वालों में पाया जाता है। भारत के कुछ भागों में भी यह रोग होता है। रोग, भोजन में विटामिन बी समूह के नियासिन की कमी से होता है। यह रोग शराब की पुरानी लत और गुर्दे सम्बन्धी बीमारी में भी होता है।

पेलाग्रा से पीड़ित वयस्कों की चमड़ी खुश्क और फटी हुई होती है। जहाँ भी तेज धूप लगती है, वहाँ की चमड़ी फटने लगती है।

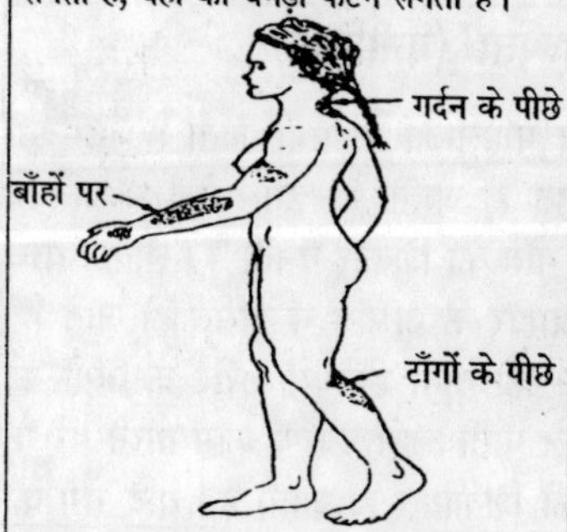

पेलेग्रा 'नियासिन' की कमी से होता है

कुपोषित बच्चों के पैरों की चमड़ी कभी-कभी बाँहों पर गहरे रंग के निशान होते हैं–चोट की तरह। कभी-कभी तो ये छिले हुए घावों की तरह होते हैं, पाँवों पर सूजन होती है।

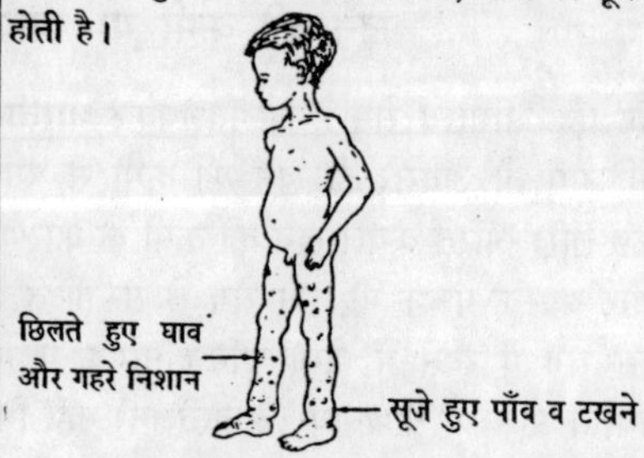

पोषक आहार के अभाव में बच्चे के हाथ-पैरों में सूजन और त्वचा में गहरे निशान आ सकते हैं

पेलेग्रा के लक्षण

लक्षण–त्वचा में सूजन, खुजली और जलन, दस्त लगना एवं सनकी स्वभाव (डेमेंशिया)। रोगी को भूख नहीं लगती तथा उल्टी होती है। जीभ में सूजन, दर्द तथा मुँह में छाले हो जाते हैं। रोगी मानसिक रूप से चिंतित, हताश एवं चिड़चिड़ा हो जाता है। अर्धबेहोशी में उल्टी-सीधी बातें भी कर सकता है।

इलाज–रोग में निकोटिनामाइड की गोलियाँ दी जाती हैं। साथ ही प्रोटीन युक्त पौष्टिक भोजन देते हैं।

बचाव–जिन क्षेत्रों में पेलेग्रा बीमारी होती है वहाँ ब्रेड एवं आटे में नियासिन-विटामिन मिलाकर देते हैं। विटामिन बी-कॉम्पलेक्स की गोलियाँ भी दी जाती हैं। साथ ही लोगों को इन रोगों की जानकारी देना भी बचाव की दिशा में एक कदम है।

मुँह के छाले

यह एक आम रोग है। विटामिन बी-समूह के रिबोफ्लेविन, पिरीडाक्सिन, नियासिन तथा फोलेटे की कमी से छाले होते हैं। ये जीभ एवं मुँह के अन्दरूनी भाग में होते हैं तथा इनमें दर्द एवं जलन होती है। विटामिन बी-कॉम्पलेक्स की गोलियाँ तथा फोलेट देने से यह रोग कुछ समय में दूर हो जाता है।

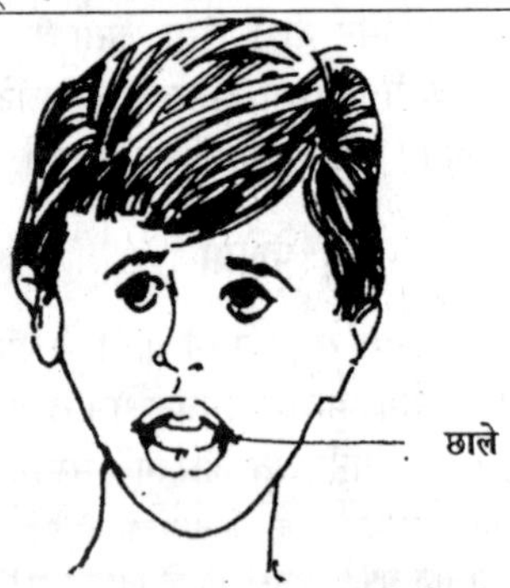

विटामिन 'बी' की कमी से होंठों के कोने फट जाते हैं और मुँह में छाले हो जाते हैं

खून की कमी या रक्ताल्पता (एनीमिया)

यह एक सामान्य रोग है जो विशेषकर भारतीय महिलाओं में पाया जाता है। गर्भवती महिलाएँ तो अक्सर ही खून की कमी से पीड़ित हो जाती हैं। हमारे देश में प्रतिवर्ष कई लाख औरतें केवल खून की कमी के कारण मौत का शिकार बनती हैं। लेकिन बच्चे और वयस्क पुरुष भी, इस रोग से सन्तुलित आहार के अभाव में ग्रसित हो जाते हैं। इस रोग में रक्त में हीमोग्लोबिन नामक पदार्थ की कमी होने से शरीर के अंगों को पर्याप्त मात्रा में प्राणवायु (आक्सीजन) नहीं मिल पाती। इस कारण काम करने पर या चलने-फिरने से शीघ्र थकान एवं साँस फूलने की शिकायत हो जाती है। यदि रोग का इलाज न किया जाए तो स्थिति गम्भीर बन सकती है।

बचाव–सन्तुलित आहार द्वारा एनीमिया से बचा जा सकता है। प्रोटीन युक्त आहार के साथ हरी सब्जियाँ एवं गुड़ इत्यादि का सेवन इस रोग से रक्षा करता है। गर्भवती स्त्रियाँ चिकित्सक या स्वास्थ्य कार्यकर्ता की सलाह से आयरन एवं फोलेट की गोलियाँ खाएँ। यह ध्यान रखना चाहिए कि स्त्रियों को लौह तत्त्व एवं पौष्टिक आहार की अधिक जरूरत होती है, क्योंकि उनका कुछ खून प्रत्येक महीने माहवारी द्वारा भी निकल जाता है। रक़्ताल्पता के बारे में अलग से आगे अध्याय दिया गया है, जिसमें रोग की विस्तार से चर्चा की गई है।

खनिज लवणों की कमी से होने वाले रोग

खनिज लवण भी शरीर के लिए अत्यंत आवश्यक होते हैं तथा उनके अभाव में कई गम्भीर रोग हो सकते हैं, क्योंकि शरीर के विकास और बल बुद्धि के लिए खनिज लवण भी जरूरी है। इनके अभाव में होने वाले कुछ रोगों का संक्षिप्त वर्णन निम्न है–

1. लौह खनिज की कमी–जैसा कि बतलाया जा चुका है कि लौह तत्त्व रक्त का निर्माण करता है और इसकी कमी से रक्ताल्पता हो जाती है।

आयोडीन की कमी से गलगंड अथवा घेंघा रोग हो जाता है, अतः आयोडीन युक्त नमक का ही सेवन करें।

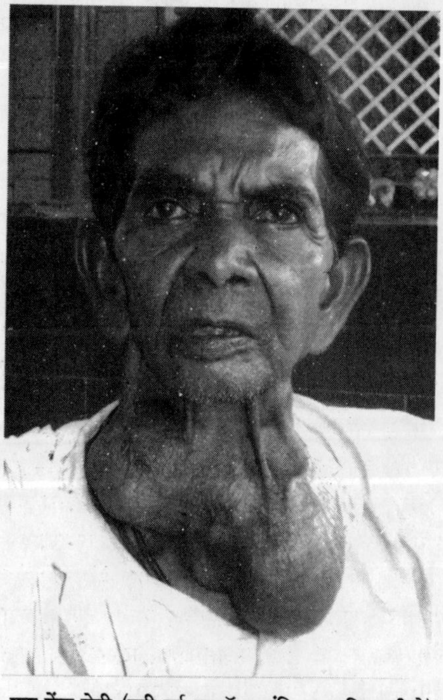

एक घेंघा रोगी (बढ़ी हुई थायरॉयड ग्रंथि स्पष्ट दिख रही है)

2. कैल्शियम की कमी–कैल्शियम दाँतों और हड्डियों की मजबूती के लिए आवश्यक तत्त्व है। इसके अभाव् में छोटे बच्चों में रिकेट हो जाता है तथा हड्डियाँ कमजोर हो जाती हैं। लेकिन कैल्शियम का अधिक प्रयोग रक्त की नलियों में जमकर उन्हें संकरा बनाता है। अतः कैल्शियम को प्राकृतिक खाद्यों जैसे–दूध, फल, सब्जियों के रूप में ही लेना चाहिए। बीमारी की दशा में इसकी गोलियाँ खानी चाहिए।

3. आयोडीन की कमी–गले में स्थित थायराइड ग्रन्थि से निकलने वाले हारमोन का आयोडीन प्रमुख हिस्सा होता है। इसकी गर्मी से गलगंड नामक रोग हो जाता है। इस रोग में गर्दन के सामने थायराइड ग्रंथि में सूजन आ जाती है। यह रोग कश्मीर से असम तक फैले हिमालय की तराई वाले क्षेत्र में अधिक पाया गया है। आयोडीन की कमी से मिक्सीडिमा नामक रोग भी हो जाता है। जिससे शरीर बहुत मोटा दिखता है तथा स्त्रियों में मासिक धर्म सम्बन्धी गड़बड़ियाँ भी आयोडीन की कमी से उत्पन्न हो जाती है। बच्चों का मानसिक विकास भी इसकी कमी के कारण रुक जाता है।

अतः आयोडीन युक्त नमक का इस्तेमाल करना ही उक्त रोगों से बचाव का तरीका है। वैसे आयोडीन समुद्री नमक में प्राकृतिक रूप से भी पाया जाता है तथा यह समुद्री मछली तथा काड मछली के लिवर के तेल में भी होता है।

गलगंड एवं मिक्सोडीमा नामक बीमारियाँ आजकल दवा द्वारा ही ठीक हो सकती है, अतः इनके इलाज के लिए चिकित्सक से सम्पर्क करना चाहिए।

2

कुपोषण की पहचान के कुछ विशेष तरीके

कुपोषण की पहचान शुरू में ही हो जानी चाहिए, क्योंकि यदि कुपोषित बच्चों या महिलाओं अथवा पुरुषों का इलाज न किया गया तो वे गम्भीर रोगों से ग्रसित हो सकते हैं और कई बार इन रोगों से उनकी जान भी जा सकती है। विशेषकर छोटे बच्चों (छह महीने से तीन वर्ष की आयु के) में तो कुपोषण खतरनाक होता है। क्योंकि सबसे अधिक कुपोषणजन्य मृत्युओं का प्रतिशत इसी आयु वर्ग में पाया जाता है। अक्सर निम्न तरह की परिस्थितियों के कारण छोटे बच्चों में कुपोषण हो जाता है—

1. बच्चे का वजन जन्म के समय सामान्य से अत्यन्त कम हो या वह जल्दी पैदा हुआ हो।
2. जब बच्चे जुड़वा पैदा होते हैं तो कोई एक या दोनों कुपोषित हो सकते हैं।
3. जब माँ बच्चे को स्तनपान नहीं कराती या बच्चे को पर्याप्त मात्रा में दूध नहीं मिलता।
4. बच्चे को माँ-बाप का सान्निध्य न मिले अथवा माँ की मृत्यु हो जाए।
5. परिवार में बच्चे अधिक हों और आय के स्रोत सीमित हों।
6. बच्चों के जन्म में दो वर्ष से कम का अंतर हो।
7. छह महीने की आयु से बच्चों को दूध के साथ अन्य हल्का आहार देना शुरू न किया गया हो।
8. जब बच्चे का पालन माँ-बाप की जगह उसके भाई-बहिन या रिश्तेदार कर रहे हों।
9. जब बच्चा बार-बार बीमार हो रहा हो।

बच्चे में पीलापन, निष्क्रियता, दुबलापन जैसे लक्षणों के अलावा हम कुछ अन्य तरीकों से भी कुपोषण का पता कर सकते हैं जैसे कि—

भुजा (बाँह) के मध्य भाग का घेरा नाप कर

शून्य से पाँच वर्ष के बच्चों में कुपोषण, उनकी ऊपरी भुजा के मध्य भाग का घेरा नाप कर जाना जा सकता है। यह नाप 12.8 सेंटीमीटर से कम रहने पर उसे कुपोषित समझा जाता है।

एक साथ कई बच्चों में कुपोषण की पहचान के लिए एक विशेष तरह का फीता आता है जिसमें हरा, पीला और लाल रंग होता है और फीते का सिरा काला होता है, इसके द्वारा कुपोषण या सही पोषण का अन्दाजा लगाने की विधि निम्न है–

1. बाईं ऊपरी बाजू के ऊपर से कपड़ा हटाते हैं और बाजू के मध्य भाग पर उसका घेरा नापने के लिए फीता लपेटते हैं।
2. फिर यह देखते हैं कि फीते का काला सिरा किस रंग तक पहुँचा है।

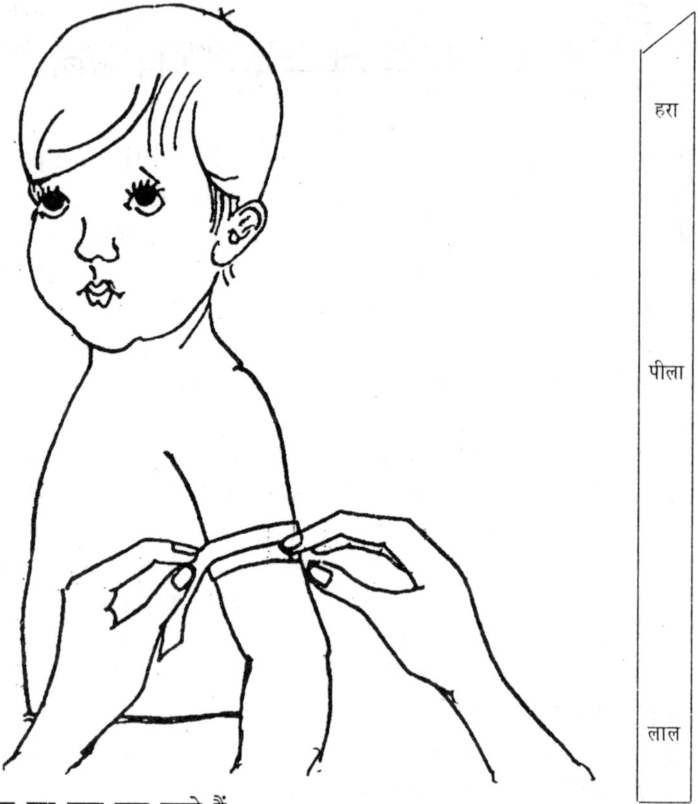

परिणाम इस तरह पता करते हैं

(अ) यदि काला सिरा फीते के हरे भाग के सामने तक है तो फिर यह मानिए कि बच्चा कुपोषित नहीं है।

(ब) यदि काला छोर फीते के पीले हिस्से के सामने आए तो बच्चा कुपोषण की सीमा के पास है, उसे पर्याप्त पौष्टिक एवं सन्तुलित आहार की आवश्यकता है।

(स) यदि काला छोर फीते के लाल भाग के सामने आए तो बच्चा कुपोषण ग्रस्त मानना चाहिए। उसे विशेष पौष्टिक आहार और दवाओं की आवश्यकता है।

तालिका-4

बच्चे के वजन का उम्रानुसार मिलान

लड़के		लड़कियाँ	
आयु (महीने अनुसार)	औसतन वजन (किलोग्राम)	आयु (महीने अनुसार)	औसतन वजन (किलोग्राम)
जन्म के समय	3.1	जन्म के समय	2.9
3	5.7	3	5.5
6	7.5	6	6.9
9	8.7	9	7.9
12	9.5	12	8.7
18	10.7	18	9.6
24	11.7	24	10.6
30	12.9	30	11.8
36	13.6	36	12.6
42	14.5	42	13.7
48	14.9	48	14.3
54	16.0	54	15.1
60	17.0	60	16.0
66	18.0	66	16.6
72	19.5	72	17.2

ऊँचाई और वजन का माप

कुपोषित बच्चों की पहचान का सर्वोतम तरीका है, उनकी ऊँचाई और वजन लेना। छोटे शिशुओं का वजन प्रत्येक माह लेना चाहिए और बड़े बच्चों का वजन 6 माह के अंतर से लेना चाहिए। इनका मिलान तालिका से कर पोषण या कुपोषण स्थिति का निदान किया जा सकता है। बच्चों की देखरेख का यह सरल एवं सस्ता उपाय है। आँगनबाड़ी केन्द्रों में जाकर भी लोग अपने बच्चों का वजन और ऊँचाई लेकर कुपोषण का पता कर सकते हैं या फिर किसी अच्छे चिकित्सक (विशेषकर बच्चों के डॉक्टर) को दिखलाकर कुपोषण की पहचान हो सकती है।

प्रयोगशाला द्वारा

कुपोषण और उसके रोगों की जाँच प्रयोगशालाओं में भी होती है। उदाहरणार्थ, खून की कमी का पता हीमोग्लोबिन जाँच से चल जाता है। इसी तरह प्रोटीन, विटामिन और खनिज लवणों की कमियों की जाँचें भी प्रयोगशाला में हो जाती हैं। लेकिन यह छोटे गाँवों में सम्भव नहीं है।

इस तरह हम देखते हैं कि कुपोषण की पहचान बहुत कठिन नहीं है। आजकल आँगनबाड़ी केन्द्रों में कुपोषण की जाँच के शिविर भी लगाए जाते हैं। इस तरह कुपोषण की पहचान गाँव स्तर पर भी सम्भव है। प्राथमिक स्वास्थ्य केन्द्र में ले जाकर भी कुपोषण का निदान और इलाज प्राप्त किया जा सकता है। लेकिन आवश्यकता है इसके प्रति जागरूकता और सावधानी की। अन्यथा कुपोषित बच्चों को कोई भी संक्रामक रोग और अन्य गम्भीर रोग आसानी से गिरफ्त में ले लेते हैं। फिर उनका तुरन्त इलाज करना मुश्किल हो जाता है। कई बार तो कुपोषण के कारण बच्चे अन्धे तक हो सकते हैं।

3

कुपोषण और रक्ताल्पता

अभी देश के 19 राज्यों में हुए सर्वेक्षण में लगभग 75% बच्चों में रक्त की कमी पाई गई। रक्त की कमी अथवा रक्ताल्पता एक विश्वव्यापी समस्या बनी हुई है। भारत जैसे विकासशील देश के लिए तो यह समस्या और अधिक विकराल है, क्योंकि 60% से 80% तक पाँच वर्ष से कम उम्र के बच्चे तथा 25% से 30% स्त्रियाँ और लगभग 50% गर्भवती महिलाएँ खून की कमी से पीड़ित हैं और गर्भवती स्त्रियों की 20% से 40% मौत का कारण रक्ताल्पता ही है। युवा पुरुष और वृद्ध भी इस रोग से ग्रसित पाए जाते हैं। रक्ताल्पता के कारण रोग प्रतिरोधक क्षमता कम होने के कारण कोई भी संक्रमण रोग जल्दी होते हैं।

थोड़ी-सी भी खून की कमी व्यक्ति की कार्यक्षमता पर उल्लेखनीय प्रभाव डालती है, और जितनी गम्भीर रोग की स्थिति होती है उसी अनुपात में रोगी की कार्यक्षमता भी घट जाती है। प्रयोगों द्वारा यह पता चला है कि रक्त में केवल 1.5 ग्राम हीमोग्लोबिन कम हो जाने से रोगी की शारीरिक श्रम करने की शक्ति काफी घट जाती है।

इस तरह हम देखें तो सामान्य तौर पर पाया जाने वाला यह रोग अप्रत्यक्ष रूप से देश की आर्थिक स्थिति को भी प्रभावित करता है, क्योंकि इसके कारण श्रमिकों अथवा कर्मचारियों की कार्यशक्ति घट जाती है, जिससे उत्पादन पर बुरा असर पड़ता है। इसके अलावा स्त्रियों में इस रोग की अधिकता के कारण उनके परिवारों पर भी इसका असर पड़ता है, क्योंकि महिलाओं में खून की कमी या रक्ताल्पता होने से वे पारिवारिक कार्य और परिवार के प्रति अपनी जिम्मेदारियों को बखूबी नहीं निभा पाती हैं।

रक्ताल्पता क्या है?

खून की कमी या जिसे अँग्रेजी में एनीमिया कहते हैं, रक्त में लाल रक्त कणिकाओं की कमी के कारण होता है। इन कणिकाओं के एक महत्त्वपूर्ण घटक हीमोग्लोबिन की मात्रा भी इस स्थिति में कम हो जाती है। हीमोग्लोबिन लौह तत्त्व को मिलाकर बना एक जटिल यौगिक होता है और इसी के कारण रक्त और रक्त कणिकाओं का रंग लाल रहता है। हीमोग्लोबिन रक्त द्वारा शरीर के विभिन्न अंगों को ऑक्सीजन पहुँचाने का प्रमुख कार्य

करता है। लेकिन रक्त में जब इसकी मात्रा कम हो जाती है तो शरीर की विभिन्न कोशिकाओं को ऑक्सीजन भी कम मिलती है। इस कारण जैविक ऑक्सीकरण की क्रिया घटने के कारण ऊर्जा भी कम उत्पन्न हो पाती है, यही वजह है कि रोगी की शारीरिक श्रम करने की क्षमता घट जाती है और वह जरा सा शारीरिक श्रम करने के पश्चात हाँफने लगता है। चूँकि रक्त में ऑक्सीजन की मात्रा कम हो जाती है, अतः फेफड़े बार-बार जल्दी-जल्दी साँस लेकर अधिक ऑक्सीजन प्राप्त करने का प्रयास करते हैं।

कुपोषण और रक्ताल्पता

वैसे तो रक्ताल्पता कई प्रकार की होती है, जैसे—आनुवंशिक रोगों के कारण होने वाली खून की कमी या बबासीर अथवा दुर्घटनावश रक्त-स्राव से होने वाली रक्ताल्पता। आँतों द्वारा भोजन को अवशोषित करने की शक्ति की कमी से भी रक्त की कमी हो जाती है परन्तु हमारे देश में रक्त की कमी का प्रमुख कारण कुपोषण अथवा अल्प पोषण है। कुपोषण के कारण शरीर को पर्याप्त मात्रा में लौह तत्त्व अथवा विटामिन बी-12 और फॉलिक एसिड की मात्रा नहीं मिल पाती और वह खून की कमी का शिकार हो जाता है। हमारे यहाँ लौह तत्त्व की कमी के कारण होने वाली रक्ताल्पता सामान्य है। सर्वेक्षणों के अनुसार 56.8% गर्भवती स्त्रियाँ और 35.6% अन्य युवा स्त्रियों के शरीर में लौह तत्त्व की मात्रा कम होने के कारण खून की कमी पाई गई है। भारत में 20% से 50% स्त्रियों में फॉलिक एसिड की कमी भी पाई जाती है। रक्ताल्पता का यह भी एक प्रमुख कारण है। चूँकि स्त्रियों के खाने में पौष्टिक खाद्यों जैसे—दूध, फल, हरी सब्जियों का अभाव होता है, अतएव उन्हें लोहा, फॉलिक एसिड और उच्च दर्जे का प्रोटीन प्राप्त नहीं हो पाता इस कारण हीमोग्लोबिन भी कम बनता है।

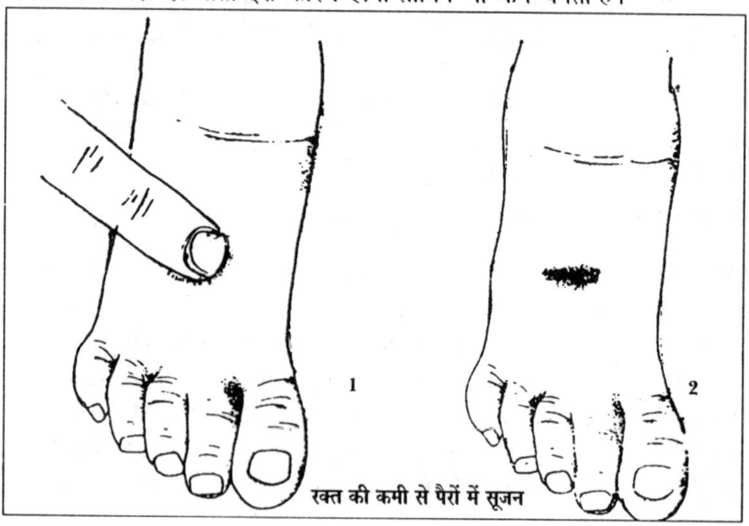

रक्त की कमी से पैरों में सूजन

रक्ताल्पता के कारण

रक्त की कमी के कुछ अन्य कारण भी होते हैं, जैसे—मलेरिया, पेट में कृमियों की शिकायत होना इत्यादि। इस तरह की रक्ताल्पता बीमारी दूर होने पर स्वयं ठीक हो जाती है। कुछ दवाइयों जैसे—क्लोरेम्फेनीकाल इत्यादि को बगैर चिकित्सक के उचित परामर्श के, लम्बे समय तक लेने से भी रक्ताल्पता की स्थिति बन सकती है। माहवारी अधिक होने से भी रक्त की कमी हो सकती है।

देश में गरीबी और अज्ञानतावश भी लोग पोषक आहार की ओर ध्यान नहीं दे पाते। विशेषकर घरेलू स्त्रियाँ कुछ भी रूखा-सूखा खाकर पेट भर लेती हैं। प्रोटीन, विटामिन और खनिज लवणों युक्त आहार, जैसे—दूध, अंडे, हरी सब्जियों एवं फलों को पर्याप्त मात्रा में भोजन में शामिल करने की प्रवृत्ति हमारे यहाँ न होने से शरीर, रक्त की कमी और अन्य कुपोषण ज न्य बीमारियों का शिकार आसानी से हो जाता है।

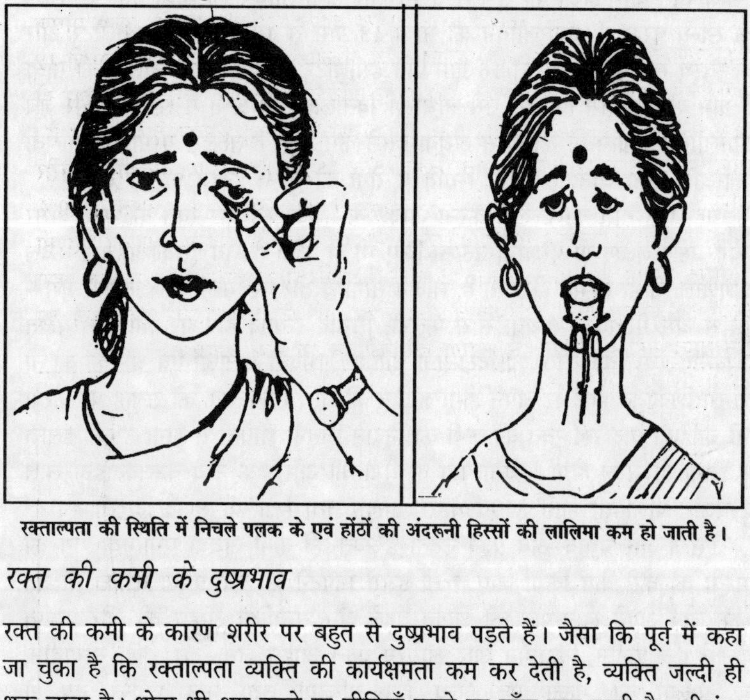

रक्ताल्पता की स्थिति में निचले पलक के एवं होंठों की अंदरूनी हिस्सों की लालिमा कम हो जाती है।

रक्त की कमी के दुष्प्रभाव

रक्त की कमी के कारण शरीर पर बहुत से दुष्प्रभाव पड़ते हैं। जैसा कि पूर्व में कहा जा चुका है कि रक्ताल्पता व्यक्ति की कार्यक्षमता कम कर देती है, व्यक्ति जल्दी ही थक जाता है। थोड़ा भी श्रम करने या सीढ़ियाँ चढ़ने पर साँस फूल जाती है। श्रीलंका में चाय बागानों के श्रमिकों पर किए गए एक अध्ययन में पाया गया कि रक्त में हीमोग्लोबिन कम होने के कारण जो श्रमिक कम कार्य कर पाते थे, उन्हें जब पर्याप्त लौह तत्त्व की मात्रा दी गई तो उनके कार्य करने की क्षमता भी पहले की अपेक्षा काफी बढ़ गई है।

लम्बे समय तक रक्त की कमी के कारण रोगी के हृदय का आकार बढ़ जाता है। इसके अलावा उसके हाथ, पैरों एवं चेहरे पर सूजन भी आ सकती है। लीवर और तिल्ली का आकार भी बढ़ सकता है। रक्त की कमी का दुष्प्रभाव मानसिक दशा पर भी होता है। रोगी रक्ताल्पता के कारण मानसिक अवसाद ग्रस्त या चिड़चिड़ा हो सकता है। उसे सिरदर्द की भी शिकायत रहती है। कभी-कभी सीने में दर्द और हल्का बुखार भी रह सकता है। अन्य लक्षण जैसे—नाखूनों, हथेलियों और चेहरे का सफेद होना एवं आँखों के निचले पलक के अंदरूनी भाग की लालिमा घट जाना इत्यादि भी मिलते हैं। गर्भावस्था में रक्ताल्पता होने से इसका असर होने वाले बच्चे पर पड़ सकता है। प्रसव के समय महिलाओं की जान को भी खतरा होता है।

निदान—रक्ताल्पता के सही निदान के लिए उक्त लक्षणों के दिखने पर रोगी को तुरन्त चिकित्सक से सम्पर्क कर जाँच करवानी चाहिए। आमतौर पर रक्त की जाँचों में लाल रक्त कणिकाओं की खून में संख्या और हीमोग्लोबिन की मात्रा पता करते हैं। एक स्वस्थ पुरुष में हीमोग्लोबिन की मात्रा 13 ग्राम से 18 ग्राम प्रति डेसीलीटर और एक स्वस्थ स्त्री में 12 ग्राम से 16 ग्राम प्रति डेसीलीटर होती है। हीमोग्लोबिन की मात्रा 10 ग्राम के आसपास होने पर उसे साधारण रक्ताल्पता की श्रेणी में रखते हैं और जब हीमोग्लोबिन 7 ग्राम के आसपास अथवा इससे कम होता है तो इसे गम्भीर रक्ताल्पता की स्थिति माना जाता है। ऐसी स्थिति में रोगी को तुरन्त इलाज कराना चाहिए।

यहाँ एक बात का उल्लेख करना आवश्यक है कि कई बार रक्त की कमी शरीर में बगैर कोई लक्षण या परेशानी उत्पन्न किए भी हो जाती है, तब इसकी पहचान केवल प्रयोगशाला से ही सम्भव हो पाती है, लेकिन सामान्य तौर पर मिलने वाले लक्षणों जैसे—थोड़े से श्रम में थकान अथवा साँस फूलना, सिरदर्द इत्यादि होने पर शीघ्र ही व्यक्ति को किसी अच्छे चिकित्सक को दिखलाना चाहिए। गर्भवती माताओं एवं श्रमिकों को तो जरा-सी शिकायत होने पर अपने हीमोग्लोबिन की जाँच चिकित्सक की सलाह पर करवा लेनी चाहिए। याद रखें रक्त की कमी का निदान जितनी शीघ्रता से होगा उसका इलाज भी उतना ही सरल होगा। रक्ताल्पता के रोगी की आँखों के नीचे कन्जक्टाइना लाल की बजाय पीली सी होती है एवं चेहरा, नाखून तथा हथेलियाँ सफेद दिखती हैं।

इलाज और बचाव—अब प्रश्न उठता है रक्त की कमी अथवा एनीमिया रोग की समस्या को कैसे कम किया जाए ? तो इससे निपटने का एक प्रमुख तरीका तो यह है कि लोग अपने खान-पान की आदत बदलें और सन्तुलित आहार की ओर पर्याप्त ध्यान दें। वे प्रोटीन, विटामिन और आयरन युक्त आहार जैसे—दूध, अंडे, सोयाबीन, गुड़, पालक की भाजी एवं अन्य हरी सब्जियाँ तथा फल पर्याप्त रूप से खाएँ।

पेट में कृमियों की शिकायत होने पर बच्चों को चिकित्सक के परामर्श पर शीघ्र दवाइयाँ दें। रक्ताल्पता उत्पन्न करने वाली बीमारियाँ जैसे—मलेरिया इत्यादि का इलाज भी अतिशीघ्र करवाएँ। गर्भवती महिलाएँ लौह तथा फॉलिक एसिड युक्त गोलियाँ तब

तक लेती रहें जब तक उनके रक्त में हीमाग्लोबिन की मात्रा पर्याप्त न हो जाए। खून की कमी से ग्रसित बच्चों को भी यही दवाइयाँ चिकित्सक की सलाह पर कम मात्रा में देनी चाहिए।

रक्त में हीमोग्लोबिन की मात्रा जब छह ग्राम या इससे कम हो जाती है तो कई बार उसे रक्त भी चढ़ाना पड़ता है। वैसे यदि हीमाग्लोबिन सात ग्राम से अधिक होता है तो उसे प्रायः फॉलिक एसिड और विटामिन-बी-12 के इंजेक्शन या गोलियाँ देकर भी बढ़ाया जा सकता है। कुछ मामलों में चिकित्सक आयरन (इम्फेरान) के इंजेक्शन भी देते हैं। यहाँ यह ध्यान रखना चाहिए कि कुछ रोगियों में आयरन की गोलियों से पेट दर्द या उल्टी की शिकायत भी हो सकती है। ऐसे मामलों में हीमोग्लोबिन युक्त पीने की दवाइयाँ भी उपयोग करते हैं। लेकिन इलाज अच्छे चिकित्सक की देखरेख में करवाना चाहिए।

4

कुपोषण का कारण, कृमि रोग भी

कृमि रोग अर्थात् पेट अथवा शरीर के विभिन्न अंगों में कीड़ों का होना एक आम संक्रामक बीमारी है जो बच्चों में अधिकतर होती है। लेकिन उचित सावधानियों के अभाव में बड़े भी इससे ग्रस्त हो जाते हैं। कृमि रोग एक साधारण बीमारी समझी जाती है, लेकिन इसका इलाज न किया जाए तो यह रोग कई जटिलताएँ जैसे– रक्ताल्पता, कुपोषण, आँतों में रुकावट, एलर्जी इत्यादि रोग उत्पन्न कर रोगी की मौत का कारण भी बन सकता है।

यह एक संक्रामक रोग है, जो भोज्य पदार्थों की साफ-सफाई न होने या दूषित जल इत्यादि से फैलता है। यह आश्चर्यजनक तथ्य है कि पूरे विश्व की लगभग एक अरब आबादी केवल गोलाकार कृमियों से ग्रस्त हैं। भारत में 15 से लेकर 20 करोड़ मरीज इन रोगों के शिकार हैं और प्रतिवर्ष 20 हजार के आसपास मृत्यु अकेले गोलाकार कृमि के कारण होती है।

इसी तरह एक दूसरे तरह के कृमि जिसे अंकुश कृमि या ''हुकवर्म'' कहते हैं, से ग्रसित व्यक्तियों की संख्या भी विश्व में 75 से 90 करोड़ के बीच है और इनमें से प्रतिवर्ष 50 हजार व्यक्ति मौत के शिकार बन जाते हैं। फीता कृमि (टेपवार्म), विश्व की 50 करोड़ आबादी को अपनी गिरफ्त में लिए हुए है और यह प्रतिवर्ष लगभग 50 हजार मौतों का कारण बनता है।

नारू रोग अर्थात् गिनी वर्म से पीड़ित 2 करोड़ रोगी पूरे विश्व में हैं। केवल भारत में 60 लाख से ऊपर नारू कृमि से संक्रमित हैं। इन आँकड़ों को दृष्टिगत रखते हुए हमें कृमि रोगों को साधारण न समझते हुए इनसे बचाव और इलाज की ओर पर्याप्त ध्यान देना होगा। वास्तव में कृमि मानवजाति के बड़े दुश्मन हैं, जो आँतों या शरीर के अन्य भागों में पलकर उसे हर तरह से नुकसान पहुँचाते हैं।

रोग फैलाने वाले विभिन्न कृमि

वैसे तो लगभग 50 तरह के कृमि मनुष्य में पाए जा सकते हैं, लेकिन चार-पाँच प्रकार के कृमि जैसे गोला कृमि, अंकुश कृमि, सूत्रकृमि और फीताकृमि ही ज्यादातर लोगों को अपना शिकार बनाते हैं। इसके अलावा फाइलेरिया इत्यादि के कृमि भी होते हैं, जो मच्छरों द्वारा मनुष्य के शरीरों में पहुँचते हैं।

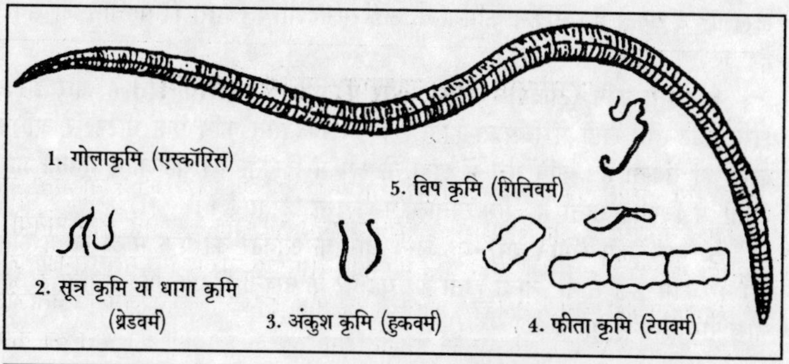

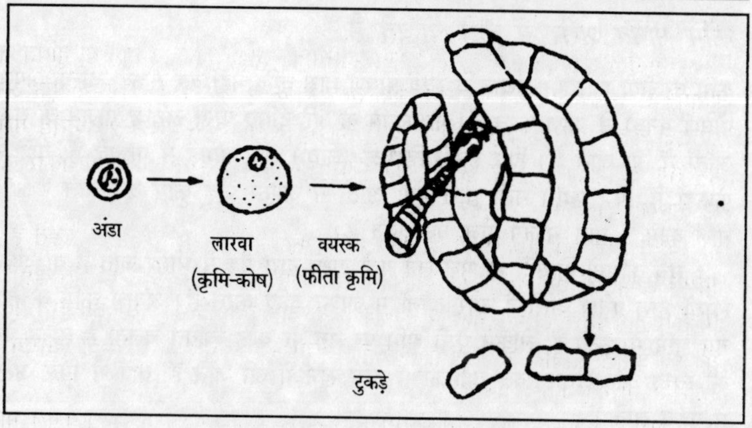

फीता कृमि का विकास (पेट में पलने वाले विभिन्न कृमि)

1. गोला-कृमि (एस्कॉरिस)–यह कृमि गोलाकार और दोनों सिरों पर कुछ पतला होता है और कुछ इंचों से लेकर एक फुट से अधिक लम्बा हो सकता है। ये मनुष्य की आँतों में अधिक संख्या में रहने पर गुच्छे का रूप बनाकर आँतों में अवरोध उत्पन्न कर सकते हैं। कुछ बच्चों या बड़ों में 'कै' उल्टी के साथ भी ये कृमि निकलते हैं। मादा कृमि एक दिन में 2 लाख तक अंडे देती है।

2. सूत्र कृमि या धागा कृमि (थ्रेडवर्म)–ये आँतों के निचले हिस्से में पाए जाते हैं और तेजी से अपनी संख्या बढ़ाते हैं। मादा कृमि दिन में दस हजार तक अंडे देती है।

ये कृमि गुदाद्वार से बाहर निकलते हैं और उस स्थान पर जलन और खुजली उत्पन्न करते हैं। कई बार बच्चों के बिस्तर में पेशाब करने का कारण भी इस तरह के कृमि ही होते हैं। मल में, कृमि छोटे-छोटे धागों जैसे दिखलाई पड़ते हैं।

3. अंकुश कृमि (हुकवर्म)–इस कृमि के मुँह के पास अंकुश होते हैं। जिनसे यह आँतों में चिपककर रक्त चूसता है। इससे रक्ताल्पता उत्पन्न होती है। मल में भी कृमि दिखलाई दे सकते हैं। लेकिन कृमियों के अंडे सूक्ष्मदर्शी यंत्र द्वारा ही पहचाने जा सकते हैं।

4. फीता कृमि (टेपवर्म)–ये चपटे और फीता के आकार के होते हैं और इनका शरीर छोटे-छोटे खंडों में विभक्त होता है। पूर्ण विकसित कृमि एक मीटर से अधिक लम्बा हो सकता है। कृमि मल में खंडों के रूप में दिखता है। यह कृमि चूषकों द्वारा आँतों मे चिपका रहता है और रक्ताल्पता उत्पन्न करता है।

5. नारू कृमि (गिनि वर्म)–यह लम्बे धागे के आकार का एक मीटर लम्बा होता है। नर कृमि 2-3 सें.मी. लम्बा होता है। यह पैर के टखनों में एक गाँठ बनाता है और नारू रोग उत्पन्न करता है।

कृमि मानव शरीर में कैसे पहुँचते हैं

कृमि परजीवी होते हैं। अर्थात ये स्वयं पोषण द्वारा वृद्धि नहीं कर सकते, बल्कि अपना पोषण मनुष्य से ग्रहण करते हैं। गोलाकृमि के अंडे दूषित पानी अथवा भोजन के साथ आँतों में आ जाते हैं। फिर इनके डिम्भक (लार्वा) रक्त प्रवाह में पहुँचते हैं, वहाँ से फेफड़ों में, फिर श्वाँस नली द्वारा पुनः आँतों में आकर प्रौढ़ कृमि बन जाते हैं। 20 गोल कृमि 3 ग्राम भोजन रोज चट करते हैं।

सूत्र कृमियों के अंडे भी मल लगे गन्दे हाथों द्वारा मुँह से भीतर जाते हैं या दूषित खाद्यों द्वारा प्रवेश करते हैं और आँतों में जाकर वृद्धि करते हैं। अंकुश कृमि के अंडे नम भूमि में फूटते हैं, लेकिन ऐसी भूमि पर नंगे पैर कोई व्यक्ति चलता है तो ये पैरों की त्वचा को भेदकर रक्त वाहिकाओं द्वारा खून में आ जाते हैं, वहाँ से फिर आँतों में पहुँच जाते हैं।

फीता कृमि के जीवन चक्र का कुछ भाग सूअर या गाय में चला जाता है। ये इन जानवरों की मांसपेशियों में मौजूद होते हैं। जब मनुष्य ऐसे सूअर या गाय का अधपका मांस खाता है तो मांस के साथ फीता कृमि पेट में पहुँच जाते हैं।

कृमि रोगों के फैलाव में मनुष्य की गन्दी आदतों की प्रमुख भूमिका है। उदाहरणार्थ, कृमि रोग से पीड़ित रोगी जब जलाशयों के पास या खुले मैदानों या खेत में शौच क्रिया करता है तो कृमि के अंडे या लार्वा भी जमीन पर फैल जाते हैं या जलाशय के पानी में चले जाते हैं और यही अंडे उचित साफ-सफाई के अभाव में पानी या सब्जियों के साथ मनुष्य के पेट में पहुँच जाते हैं और वहाँ विकसित होकर प्रौढ़ कृमियों का रूप ले लेते हैं।

कृमि रोग के लक्षण क्या हैं ?

अनायास जी मचलाना, उल्टियाँ होना, दस्त लगना तथा पेट दर्द होना आम लक्षण हैं। कृमि रोग से ग्रसित छोटे बच्चों में दूध को पचाने वाला एंजाइम लेक्टेट बनना कम होने से उन्हें दूध नहीं पचता। फिर ऐसे बच्चे दुर्बल और कमजोर हो जाते हैं। ये कीड़े कभी-कभी उल्टी में मुँह या नाक अथवा मलद्वार से बाहर भी निकल सकते हैं।

कुछ बच्चे या बड़े कृमि रोग के कारण दमा जैसे लक्षणों अर्थात साँस फूलना, खाँसी आना इत्यादि के शिकार हो जाते हैं। ये लक्षण अक्सर रात्रि में उत्पन्न होते हैं। कई एलर्जी के लक्षण जैसे—शरीर पर चकत्तों के निशान बनना और उनमें खुजलाहट होना इत्यादि भी मिलते हैं। नारू कृमि पैर में छाला उत्पन्न करके धागे के रूप में बाहर निकलता है।

कृमि रोग के कारण अन्य जटिलताएँ

1. चूँकि कृमि आँतों में रहकर खाने के पौष्टिक तत्त्वों का अवशोषण करते हैं, इससे शरीर कुपोषण का शिकार हो जाता है। अंकुश कृमि एक दिन में मनुष्य का पौन ग्राम रक्त चूस लेता है। इस तरह कृमियों के कारण रोगी में रक्ताल्पता एवं अन्य तरह की कुपोषण सम्बन्धी बीमारियाँ उत्पन्न हो जाती हैं। कृमि बच्चों का मानसिक और शारीरिक विकास अवरुद्ध कर देते हैं।
2. कृमि आँतों में रहकर विभिन्न रूपों में शरीर के अंगों में घूमते रहते हैं और कई गम्भीर परेशानियाँ उत्पन्न कर सकते हैं। उदाहरणार्थ, क्लोम ग्रन्थि या पेंक्रियाज में इनके कारण सूजन उत्पन्न हो जाती है। एपेंडिक्स में भी ये रोग उत्पन्न करते हैं। इसी तरह पित्त की थैली में भी सूजन आ सकती है। जैसा कि पूर्व में बतलाया जा चुका है कि कृमि बड़ी संख्या में एकत्र होकर आँतों में भी रुकावट पैदा कर देते हैं। फिर आपरेशन द्वारा ही यह जटिलता ठीक हो पाती है। यह स्थिति कृमि नाशक दवाइयाँ लेने के पश्चात् भी बन सकती है।
3. कुछ विशेष कृमि जैसे फीता कृमि दिमाग पर सूजन उत्पन्न करता है। इससे मिर्गी जैसा रोग अथवा आँखों की रोशनी कम हो जाना इत्यादि लक्षण उत्पन्न हो सकते हैं।

उक्त लक्षण मिलने पर चिकित्सक को दिखलाना चाहिए, वही रोगी के मल, खून इत्यादि की जाँच करवाकर रोग का निदान कर उचित इलाज करेगा।

आजकल कृमि नष्ट करने के लिए अच्छी दवाइयाँ बाजार में उपलब्ध हैं। लेकिन इन्हें चिकित्सक की सलाह से ही देना चाहिए। मेबेन्डाजोल, बर्मीसाल, पिपरजिन साइट्रेट जैसी दवाइयाँ सर्व सुलभ हैं और इन्हें वर्ष में दो-तीन बार बच्चों को चिकित्सक की सलाह पर दिया जा सकता है।

चिकित्सक, कृमियों द्वारा उत्पन्न अन्य जटिलताओं जैसे रक्ताल्पता, एलर्जी इत्यादि का भी इलाज करेगा, इसलिए बेहतर है अपने मन से दवा न लेकर चिकित्सक से ही जाँच करवाएँ।

कृमि रोग से बचाव और रोकथाम

कृमि रोगों का इलाज भले ही कठिन हो लेकिन बचाव कठिन नहीं है, इसलिए बचाव की ओर ध्यान देना चाहिए। इसके लिए सर्वप्रथम तो व्यक्तिगत साफ-सफाई पर ध्यान देना आवश्यक है। जैसे नाखूनों को नियमित रूप से काटना, शौच क्रिया के पश्चात् और भोजन के पूर्व हाथों को साबुन से अच्छी तरह धोना, पैरों की भी सफाई रखना एवं जूते-चप्पल का उपयोग करना इत्यादि बातों पर ध्यान देना आवश्यक है। इसके अलावा कुछ और सावधानियाँ निम्नलिखित हैं–

1. सब्जियों और फलों का उपयोग खूब अच्छी तरह धोकर करें, सब्जियों को दो तीन बार पानी में डुबोकर अच्छी तरह साफ करना चाहिए या उन्हें नल की तेज धार के नीचे साफ करें।
2. मांसाहारी लोगों को चाहिए कि वे सूअर या गाय के मांस से बचें। कम पका या अधपका मांस न खाएँ।
3. स्वच्छ पानी ही पिएँ, इसके लिए फिल्टर का उपयोग करें या आवश्यकतानुसार पानी को उबालकर पीना चाहिए।
4. घरों में मल एवं गन्दगी के निकास की उचित व्यवस्था करवाएँ जहाँ तक सम्भव हो शौचालय कुछ अलग स्थान में रखने चाहिए और वे सैप्टिक टैंक प्रकार के होने चाहिए। मैदानों में शौच क्रिया की प्रथा को बन्द करना चाहिए।
5. बाहर नंगे पैर न घूमें।
6. कुँओं और जलाशयों की नियमित सफाई आवश्यक है। खुले स्थानों के पास अथवा खेत इत्यादि में शौच क्रिया न करें। सम्भव हो तो गाँवों में खुले स्थानों में शौच जाने की प्रथा को बन्द करना चाहिए।
7. चिकित्सक की सलाह पर वर्ष में एक या दो बार कृमि नाशक दवाइयों का सेवन भी किया जा सकता है।

5

भोजन में मिलावट से भी होता है, कुपोषण

विभिन्न खाद्य पदार्थों में मिलावट की समस्या एक बड़ी स्वास्थ्य समस्या भी है, मुनाफाखोर पैसों के लालच में लोगों के अमूल्य स्वास्थ्य को भी चौपट करने से नहीं चूकते। सख्त कानून के बावजूद यह काला धन्धा खूब चल रहा है। मुनाफाखोर यदि पकड़े भी जाते हैं तो पैसों के दम पर और कानूनों की भूल भुलैया का लाभ लेकर छूट जाते हैं। ऐसे निकृष्ट लोग जीवन रक्षक दवाइयों तक में मिलावट करने से नहीं चूकते।

रोज-रोज मिलावटी भोजन करने से अच्छा भला शरीर भी कुपोषण का शिकार होकर कई बीमारियों का घर बन जाता है। मिलावट करने वाले व्यापारी खाद्य पदार्थों में बहुत सी विषैली वस्तुओं को भी मिला देते हैं। उनका एकमात्र उद्देश्य मुनाफा कमाना होता है। उन्हें इस बात की कोई चिन्ता नहीं रहती कि इसका दुष्परिणाम बेकसूर लोग भुगतेंगे। काश! ऐसा कोई कानून होता जिसमें ऐसी मिलावट के दोषी व्यक्तियों को केवल उनके ही द्वारा बनाए मिलावटी पदार्थों को खिलाया जाता। ताकि उन्हें पता चलता कि महज कुछ रुपयों के लालच में वे कितना बड़ा अनर्थ करते हैं। वास्तव में मिलावट करने वाले देश के साथ ही मनुष्य जाति के भी दुश्मन हैं।

मिलावट से शरीर पर क्या-क्या दुष्परिणाम होते हैं ?

जैसा कि पूर्व में बतलाया गया है कि मिलावट से शरीर कुपोषण का शिकार होकर कृषकाय हो जाता है। इससे बच्चों में शारीरिक विकास अवरुद्ध हो जाता है शरीर की कार्य-क्षमता भी कम हो जाती है। जिससे श्रमिक कम कार्य कर पाते हैं, इस तरह अप्रत्यक्ष रूप से मिलावट का असर उत्पादकता पर भी पड़ता है। इससे देश को भी हानि होती है। मिल और कारखानों के मालिकों को तो होती ही है।

मिलावट से रोग-प्रतिरोधक क्षमता भी कम हो जाती है अर्थात् व्यक्ति की रोगों से लड़ने की शक्ति क्षीण पड़ जाती है। इस कारण व्यक्ति बहुत से रोगों के प्रति संवेदनशील हो जाता है।

मिलावट के कारण भोजन विषाक्तता (फुड पॉयजनिंग) भी हो सकती है। इसमें

लोगों को अचानक कै-दस्त होते हैं और इलाज न किया जाए तो मौत भी हो सकती है। आजकल ऐसी घटनाएँ भी बहुत घट रही हैं।

मिलावट के गम्भीर प्रभावों की घटनाएँ भी आए दिन अखबारों में पढ़ने को मिलती रहती हैं। कुछ वर्ष पूर्व ऐसी खबरें छपी थीं कि पश्चिम बंगाल में सरसों के तेल में सत्यानाशी के तेल की मिलावट के कारण कई लोगों के शरीर में जलंधर हो गया और वे हृदय रोग से ग्रस्त भी हो गए। फिर इस मिलावट के दुष्परिणाम स्वरूप कई जानें गईं। कुछ अन्धापन के भी शिकार हुए। इस तरह की बहुत-सी घटनाएँ आज भी हो रही हैं।

देशी शराब में मिलावट के कारण भी सामूहिक मौतों के समाचार जब-तब पढ़ने को मिलते हैं। मिलावट करने वाले शराब में नौसादर और पता नहीं कितने घातक रसायन मिलाते हैं। दिल्ली में भी सरसों के तेल में मिलावट के कारण दर्जनों व्यक्तियों की जानें जा चुकी हैं। अभिप्राय यह है कि मिलावट मानव स्वास्थ्य के लिए एक गम्भीर खतरा है और जब तक मिलावट पर नियन्त्रण नहीं पाया जाता तब तक स्वस्थ और पौष्टिक भोजन भी प्रत्येक व्यक्ति को सुलभ नहीं होगा।

मिलावट करने के कौन से तरीके अपनाए जाते हैं ?

महाराष्ट्र में प्रतिवर्ष बीस हजार खाद्य पदार्थों के नमूनों में से 30 से 35% में मिलावट पाई जाती है। इससे विदित होता है कि मिलावट का काला धन्धा खूब फल-फूल रहा है।

1. **दूध**–दूध की मिलावट तो सब जगह आम है। यह इतनी सरल है कि लोग आसानी से इसे अपना लेते हैं। दूध में पानी के अलावा उसका मक्खन भी निकाला जाता है अथवा उसमें दूध पाउडर या स्टार्च उसे गाढ़ा करने के लिए मिलाते हैं। आजकल यूरिया से नकली दूध भी बनता है जो मानव के लिए ज़हर तुल्य है। इसको पीने से मृत्यु तक हो सकती है।
2. **घी**–घी में जमने वाले वनस्पति तेल अथवा पशुओं की चर्बी मिलाते हैं (सूअर की चर्बी भी इसमें मिलाईं जाती है)। इसके अलावा नकली सुगन्ध और रंग भी मिलाया जाता है। कुछ लोग शुद्ध देशी घी में आलू भी फेंटकर मिलाते हैं और शुद्ध घी की मिलावट बहुत ही सामान्य है।
3. **अनाज**–चावल और गेहूँ में पत्थर, मिट्टी, रेत इत्यादि उसकी मात्रा बढ़ाने के लिए मिलाए जाते हैं।
4. **आटा**–गेहूँ के आटे में चूने का पाउडर या सोप स्टोन पाउडर मिलाया जाता है अथवा सस्ता आटा जैसे–खेसारी दाल का बेसन आटे में मिलाते हैं। मैदा में सिंघाड़े का आटा मिलाते हैं।
5. **दालें**–पुरानी दालों को अच्छा दिखलाने के लिए मेटानिल यलो नामक हानिकारक रंग मिलाया जाता है।

6. **चाय और कॉफी**–चाय पत्ती में पुरानी या उपयोग की हुई पत्तियाँ रंगकर मिलाई जाती है। इसके अलावा इसमें रंगकर बुरादा भी मिलाया जा सकता है। कॉफी में इमली के बीज का चूरा मिलाते हैं।

7. **शहद**–शहद में शक्कर का शीरा या गुड़ का शीरा मिलाया जाता है।

उपर्युक्त मिलावट के अलावा रबड़ी में ब्लाटिंग पेपर की लुगदी मिला दी जाती है। वनस्पति तेलों में सस्ते तेल और यहाँ तक कि ट्रांसफार्मर के खनिज तेल मिला दिए जाते हैं जो स्वास्थ्य के लिए अत्यन्त हानिकारक होते हैं।

मिर्च के चूरे में नमक, बुरादा, मिट्टी, रेत, टेलकम पाउडर और कोलतार से बने हानिकारक रंग मिला दिए जाते हैं ताकि वह सुर्ख दिखे। हल्दी को भी हानिकारक रंग मिलाकर पीला चमकदार बना दिया जाता है। बुरादे को केसरिया रंग में रंगकर असली केसर में मिला दिया जाता है। काली मिर्च में पपीते के बीज मिलाए जाते हैं। गरम मसालों में बुरादे के अलावा घोड़े की लीद तक मिला दी जाती है। हींग में अक्सर मिलावट की जाती है। इस तरह मिर्च-मसाले भी शुद्ध प्राप्त नहीं हो पाते।

कई पेय पदार्थों में क़ानून विरुद्ध हानिकारक रंगों को इस्तेमाल किया जाता है। मीठी वस्तुओं में शक्कर की जगह सैकरीन का उपयोग करते हैं जो शरीर के लिए हानिकारक होता है। आइसक्रीम दही इत्यादि में भी मिलावट की जाती है जो स्वास्थ्य के लिए नुकसानदेह साबित होती है।

तालिका-5

प्रमुख खाद्य पदार्थों की मिलावट और उसे जाँचने का घरेलू तरीका

खाद्य पदार्थ	मिलावट	जाँच करने का तरीका
हींग	रेजीन (संश्लेषित गोंद) और गोंद	शुद्ध हींग पानी में घोलने पर घुल जाती है और पानी का रंग दूधिया हो जाता है। जलाने पर शुद्ध हींग लौ के साथ जलती है।
बाजरी	इ़रगॉट सीड्स (गेंठी)	पानी में डालने के बाद 'इरगॉट सीड्स' कुछ देर बाद तैरने लगती है।
शक्कर का बूरा	वाशिंग सोडा	1. वाशिंग सोडा पर हाइड्रोक्लोरिक (HCL) एसिड डालने पर वड़ फूल जाता है। 2. बूरा शक्कर पानी में घुल जाती है। इस घोल में लाल लिटमस पेपर डालने पर वह नीला हो जाता है।
दूध	आरारोट, मैदा, सिंघाड़े का आटा, पानी, पीला रंग	आयोडीन परीक्षण, लैक्टोमीर से जाँच, दूध का खोया बनाकर वजन करने से (एक लीटर शुद्ध दूध में करीब 200 से 250 ग्रा. के बीच खोया निकलता है)। सरसरी तौर से दूध में पानी मिलावट की

		जाँच करने के लिए सोख्ता (ब्लाटिंग) पेपर पर दूध की कुछ बूँद डालें। पानी को ब्लाटिंग पेपर सोख लेगा, जबकि असली दूध ब्लाटिंग पेपर पर ही रहेगा।
खोया	मैदा, रिफाइंड तेल, मैदा, आरारोट पाउडर, आलू (उबालने के बाद मसलकर) सूखा दूध पाउडर, सोयाबीन, सिंघाड़ा और मूँगफली (पिसी हुई)	स्वाद से या सूँघकर मिलावट का अन्दाजा लगाया जा सकता है।
मक्खन/देशी घी	वनस्पति घी, वनस्पति तेल, कोयनी (महुआ फल के बीज) का तेल, घी का वजन बढ़ाने के लिए एसीटेट का मिश्रण किया जाता है	एक चम्मच मक्खन को एक चम्मच शक्कर के साथ मिलाएँ। तैयार पेस्ट में 10 HCL मि.ली. मिलाकर किसी बोतल में रखकर खूब हिलाएँ। अब उसे 10 मिनट तक पड़ा रहने दें। यदि उसमें वनस्पति घी की मिलावट होगी तो वनस्पति वाली परत लाल हो जाएगी। जबकि देशी घी की परत सफेद रहेगी।
मिर्च पाउडर	लकड़ी का बुरादा, गेरु मिट्टी (रंग चटख करने के लिए) सड़ी-गली और खराब मिर्च को पीसकर उसमें रंग लाने के लिए गेरु मिट्टी और वजन बढ़ाने के लिए लकड़ी का बुरादा मिलाया जाता है	किसी चौड़े मुँह वाले बर्तन में पानी भर लें। पानी की सतह पर मिर्ची की थोड़ी-सी बुक्की छिड़कें। बुरादा पानी की सतह पर तैरने लगेगा तथा बर्तन में गेरु का दाग पड़ जाएगा।
दालचीनी	अमलतास की छाल (रंग कर)	अमलतास की छाल स्वाद और खुशबू में दाल चीनी से मिलती-जुलती है। पानी में भिगोने से रंग छूटने लगता है।
लौंग	लौंग का तेल निकाल लिया जाता है	गौर से देखने से पता चल जाता है। तेल निकाली लौंग सिकुड़ी हुई रहती है।
कॉफी	कासनी	थोड़ा-सा कॉफी पाउडर लेकर ठंडे पानी में घोलें। कॉफी पानी की सतह पर तैरेगी, जबकि कासनी पानी की तलहटी में बैठ जाएगी और पानी का रंग भूरा हो जाएगा।
जीरा	घास के बीज, अलकतरा पाउडर से रंग कर	हथेली से रगड़ने पर, हथेली काले रंग की हो जाती है।
गुड़	मेटोलिक यलो	गुड़ पर थोड़ा सा HCL एसिड डालें। अब इसे छान लें। यदि असली गुड़ होगा तो थोड़ी देर में इसका रंग बैंगनी हो जाएगा।

रवा	लोहे का महीन बुरादा (वजन बढ़ाने के लिए)	रवा के ढेर में चुम्बक रखकर हिलाएँ डुलाएँ लौह कण चुम्बक पर चिपक जाएँगे।
केसर (जाफरान)	भुट्टे के बाल रंग कर और उसे खुशबूदार बनाकर	जाफरान के बाल आसानी से नहीं टूटते, जबकि भुट्टे के बाल टूट जाते हैं।
साबूदाना	बालू/टॅल्कम पाउडर	चखने पर बालू का पता चल जाता है।
सुगन्धित सुपारी	लकड़ी के छोटे टुकड़े (रंग कर) और सैक्रीन	चखने पर कड़वी लगती है। पानी में डालने पर टुकड़े तैरने लगते हैं।
शाहजीरा	जंगली घास (रंगकर) अलकतरा या ईंट का पाउडर।	हाथ पर लेकर रगड़िए। यदि मिलावट होगी तो हथेली रंगीन हो जाएगी।
चाय	इस्तेमाल की हुई चाय पत्ती, लकड़ी का बुरादा, कृत्रिम रंग आदि	एक सफेद कागज पानी से नम कर लें। अब उस पर चाय की पत्ती छिड़कें। यदि उस पर लाल पीले, गुलाबी धब्बे पड़ जाते हैं, तो चाय में नकली चीजें रंगकर मिलाई गई हैं।
हल्दी	मेटानिल यलो (नकली रंग)	थोड़े से हल्दी पाउडर पर HCL एसिड डालें। एसिड पड़ते ही यदि उसका रंग जामुनी हो जाता है तो मिलावट है। शुद्ध हल्दी होने पर रंग गायब हो जाएगा।
आटा	खड़िया मिट्टी	आटे को गूँधने पर पानी ज्यादा लगता है और आटे में लसलसापन नहीं होता।
अरहर की दाल	मेटेलिक रंग/खेसारी दाल	हाइड्रोक्लोरिक अम्ल तथा पानी डालने पर दाल का रंग बैंगनी हो जाता है। खेसारी दाल अलग रंग में दिखेगी।
काली मिर्च	पपीते के बीज	काली मिर्च को पानी में डालने पर पपीते के बीज ऊपर आ जाते हैं।
शहद	शक्कर या गुड़ का शीरा	असली शहद पानी से भरे बर्तन में डालने पर फौरन तली में पहुँच जाती है, जबकि मिलावटी शहद पानी में घुल जाती है।

नोट—*आजकल बाजार में मिलावटी खाद्य पदार्थों की जाँच के लिए एक किट उपलब्ध है जो 200-250 रुपए में आती है। इसके साथ एक निर्देशिका भी रहती है।*

मिलावटी तेल और कृत्रिम रंग से होने वाले कई रोग

सरसों के बीज में सत्यानाशी (भरभंडा) के बीज का मिश्रण करने से सरसों के तेल की मात्रा बढ़ जाती है। सस्ते तेलों में विशेष गंध के लिए एकाइम आईसोथायो साइनेट

मिलाया जाता है। फ्लोरो ग्लूसिनोल का भी प्रयोग किया जाता है। सरसों में सत्यानाशी की मिलावट से खतरनाक ड्राप्सी रोग उत्पन्न होता है।

खाद्य पदार्थों को रंगने के लिए प्रायः कृत्रिम रंगों का इस्तेमाल किया जाता है। ये कृत्रिम रंग विभिन्न ब्रांड नामों से बाजार में मिलते हैं। कानूनी कार्यवाही से बचने के लिए इन रंगों के निर्माता रंगों के पैकेट पर दिए गए निर्देशों में कुछ तकनीकी भाषा का प्रयोग करते हैं। जिसे आम उपभोक्ता समझ नहीं पाता। रंगों की ज्यादातर मिलावट हल्दी, दाल, मिर्च, धनिया, तेल, साबुन, बेसन, मिठाई, चॉकलेट, मीठी गोली, हरी सब्जी आदि में की जाती है।

पीले आदि कृत्रिम रंगों के ज्यादा इस्तेमाल से पुरुषों की यौन-क्षमता (मर्दानगी) प्रभावित हो सकती है, क्योंकि इससे अंड ग्रन्थि का ह्रास होने लगता है और इससे कैंसर तक हो सकता है।

मसालों में 'लेड क्रोमेट' मिलाया जाता है। इसके इस्तेमाल से शरीर में खून की कमी, गर्भपात, पैरालाइसिस (लकवा), मन्द बुद्धि होना, खून और दिमाग का क्षतिग्रस्त होना, जैसी तकलीफें खासकर बच्चों में होती हैं।

औद्योगिक विष विज्ञान अनुसन्धान केन्द्र, लखनऊ द्वारा किए गए अध्ययन से पता चलता है कि खाने-पीने की रंगीन चीजों में अवैध रंगों का इस्तेमाल 70 फीसदी तक किया जाता है। इन चीजों में दालों, दूध से बनी चीजों और हरी सब्जियों का भी समावेश है। ऐसी चीजों के खाने से बदहजमी से लेकर कैंसर तक हो सकता है। इसी तरह मीठा करने वाले पदार्थ सैकरीन (साइक्लामेट) आदि के सेवन से कैंसर हो सकता है।

भोज्य पदार्थों में मिलावट से बचने के लिए क्या करना चाहिए ?

मिलावट पर पूर्णतः नियन्त्रण सम्भव नहीं है। इसके लिए हमें स्वतः ध्यान देना होगा। यदि हम वस्तुओं को खरीदते एवं उनका इस्तेमाल करते समय कुछ बातों का ध्यान रखें तो एक सीमा तक मिलावट से बचा जा सकता है। मिलावट रोकने के लिए उपभोक्ता को ही जागरूक होना पड़ेगा। वे मिलावट करने वालों को कदापि न बख्शें। भोजन में मिलावट रोकने में महिलाओं की प्रमुख भूमिका है। क्योंकि अधिकतर वस्तुओं का इस्तेमाल वे स्वयं ही करती हैं, अतः उन्हें इन बातों की जानकारी होना चाहिए कि कौन से खाद्य पदार्थों में मिलावट है और कौन से खाद्यों में नहीं। मिलावट के लिए आम लोगों को शिक्षित करना भी आवश्यक है। आम जनता में मिलावट के प्रति जब तक जागरूकता नहीं होगी तब तक मिलावट का यह काला धंधा रुकना असम्भव लगता है। शिकायत होने पर महिलाएँ उपभोक्ता फोरम में जाएँ, डरें नहीं।

गृहिणियों को मिलावट रोकने के लिए निम्न बातों पर ध्यान देना चाहिए

1. फेरस सल्फेट से रंगी चाय पानी में डालने पर उसे रंगीन बना देती है।

2. खड़िया मिट्टी मिले आटे को गूँधने में अधिक पानी लगता है और उसमें लसलसापन नहीं होता।
3. शुद्ध हींग को पानी में घोलने पर पानी दूधिया रंग का हो जाता है। जलाने पर शुद्ध हींग लो देकर जलती है जबकि नकली हींग में ये गुण नहीं होते।
4. यदि अरहर की दाल में मेटेलिक रंग मिलाए गए हैं तो उस पर हाइड्रोक्लोरिक अम्ल तथा पानी डालने पर दाल का रंग बैंगनी हो जाता है।
5. वनस्पति मिले घी में यदि हाइड्रोक्लोरिक अम्ल और परफ्यूरॉल मिलाया जाए तो घी का रंग लाल हो जाता है।
6. पपीते के बीज काली मिर्च से हल्के होते हैं एवं रंग भी कुछ अलग होता है पानी में डालने पर पपीते के बीज ऊपर आ जाते हैं।

मिलावट पर नियन्त्रण के लिए निम्न तथ्यों पर भी ध्यान दिया जाना चाहिए

1. हमेशा विश्वसनीय दुकान से खाद्य वस्तुएँ खरीदें।
2. बाजार भाव से कम दामों में बिकने वाली वस्तुओं में मिलावट हो सकती है। सस्ते के चक्कर में खुली हुई खाद्य वस्तुएँ न खरीदें। पैकिंग पर स्तरीयता का निशान या विश्वसनीय कम्पनी का नाम अवश्य देख लें।
3. जहाँ तक सम्भव हो खड़े मसाले (साबुत) खरीदें और उन्हें घर पर ही तैयार करें।
4. नकली रंग वाली वस्तुएँ न खरीदें। ये स्वास्थ्य के लिए हानिकारक होती हैं।
5. खाद्य पदार्थों में मिलावट का शक होने पर खाद्य निरीक्षक या अन्य सक्षम अधिकारी को सूचना अवश्य दें।

मिलावट को रोकने सम्बन्धी कानून

मिलावट को एक संगीन जुर्म माना गया है और समय-समय पर इसको रोकने के लिए कई कानून भी बनाए गए हैं। 1 अप्रैल, 1996 को पुराने कानून में संशोधन करके उसे और प्रभावी बनाया गया। इसके अनुसार खाद्य पदार्थों में मिलावट करने वाले को आजन्म कारावास की सजा तक हो सकती है।

मिलावट की जाँच के लिए कई क्षेत्रीय प्रयोगशालाएँ भी बनाई गई हैं जहाँ जाँच के लिए दुकानों से प्राप्त नमूने भेजे जाते हैं।

मिलावट रोकने के लिए मिलावट निवारण अधिकारी और खाद्य निरीक्षकों की नियुक्ति की जाती। कानून के अनुसार किसी दुकानदार के यहाँ से जब कोई नमूना (सेम्पल) लेते हैं तो दो गवाहों की उपस्थिति जरूरी रहती है। फिर स्वास्थ्य विभाग के अधीनस्थ प्रयोगशालाओं में इन नमूनों की जाँच की जाती है।

खाद्य पदार्थों के फुटकर विक्रेताओं को सन् 1964 के नियम के अनुसार अपने माल की जानकारी अनुज्ञप्ति प्रपत्र में देना अनिवार्य है। उत्पादक से माल बेचने वाला जो माल प्राप्त करता है और यदि उसमें मिलावट पाई जाती है तो इसकी जिम्मेदारी उत्पादक की होती है और उस पर कार्यवाही की जाती है।

प्रदेश स्तर पर एक खाद्य एवं दवा नियंत्रक होता है जो मिलावट पर नियन्त्रण रखता है।

मिलावट को रोकने में समाज की भूमिका

जैसा कि बतलाया जा चुका है कि मिलावट जैसा जघन्य कृत्य केवल कानूनों से नहीं रुक सकता। इस पर प्रभावी रोक समाज की जागरूकता और सहयोग से ही सम्भव हो सकती है। सबसे पहले तो लोगों को यह बात समझनी होगी कि मिलावट स्वास्थ्य के लिए अत्यंत खतरनाक होती है। अतः इसको किसी भी कीमत पर स्वीकार नहीं करना चाहिए। जहाँ कहीं भी इस अपराध की जानकारी मिले तुरन्त खाद्य निरीक्षक या अन्य सक्षम अधिकारी को बतलाना चाहिए, और सक्षम अधिकारी यदि पैसों में बिक जाए तो इसकी जानकारी अन्य उच्चाधिकारियों को देना चाहिए तथा उपभोक्ता कानूनों का सहारा भी लें।

इसके साथ ही मिलावट के विरुद्ध एक संगठित मुहिम या अभियान चलाना होगा। जनता को जागरूक बनाकर व्यापारियों को भी यह बतलाना होगा कि मिलावट जैसा आपराधिक कृत्य किसी भी कीमत पर स्वीकार्य नहीं होगा। समाज को इस जुर्म के अपराधी व्यापारियों को बहिष्कृत भी करना होगा। इससे अन्य व्यापारियों को भी सीख मिलेगी। महिला संगठनों को भी मिलावट के विरुद्ध भूमिका निभानी होगी।

मिलावट रोकने से सम्बन्धित अधिकारियों को भी ईमानदारी का परिचय देना होगा। यह नहीं कि चन्द रुपयों के लालच में समाज के इन दुश्मनों को फिर से लोगों के अमूल्य जीवन और स्वास्थ्य से खिलवाड़ करने के लिए छोड़ दिया जाए, क्योंकि आज मानव में कैंसर जैसी बीमारियाँ तथा गुर्दों और यकृत की भयानक बीमारियाँ हो रही हैं, उनका एक प्रमुख कारण मिलावट भी है।

6

मिलावट से होने वाली एक जानलेवा बीमारी–ड्राप्सी

ड्राप्सी नामक बीमारी न तो विषाणुजन्य है और न ही जीवाणुजन्य। अर्थात् इस रोग के कोई कीटाणु नहीं होते बल्कि इस रोग का कारण है, सत्यनाशी (अर्जिमोन मेक्सीकाना) के बीजों का तेल में मिलावट द्वारा या किसी भी तरह से मानव शरीर में पहुँच जाना। सत्यनाशी के बीज सरसों के बीजों से मिलते जुलते हैं। इसे पीला धतूरा या भरमडाँडी या दरूदी अथवा सियालकाँटा भी कहीं-कहीं कहा जाता है और अक्सर सरसों की फसल के साथ ही सत्यनाशी के पौधे भी उगते हैं। इस कारण कई बार तो सरसों के बीजों के साथ ही इसके बीजों का भी तेल अनजाने में मिल जाता है और ऐसे तेल का प्रयोग करने वालों में खतरनाक एपिडेमिक ड्राप्सी रोग हो जाता है। एपिडेमिक का अभिप्राय होता है सामूहिक रूप से रोग फैलना। वैसे आजकल मुनाफा कमाने के लिए भी कुछ दुष्ट प्रकृति के व्यापारी सरसों के तेल में सत्यानाशी का तेल मिलाकर बेचते हैं। इस तरह का दुखद उदाहरण दिल्ली एवं देश के कुछ अन्य स्थानों में देखने को मिला था। वहाँ सरसों के तेल में मिलावट के कारण सैकड़ों निर्दोष लोगों को अपनी जान गँवानी पड़ी। आज भी देश के विभिन्न हिस्सों में इस तरह की घटनाएँ घटती रहती हैं।

रोग क्या है ?

जैसा कि शुरू में बतलाया गया है कि यह रोग रोगाणुओं द्वारा नहीं बल्कि सरसों के तेल में जानबूझकर या धोखे से हुई मिलावट के कारण ही होता है। लेकिन सन् 1926 तक इस रोग का कारण अज्ञात था। सन् 1939 में चिकित्सा वैज्ञानिकों ने प्रायोगिक तौर पर यह सिद्ध किया कि सरसों के तेल में सत्यानाशी के बीजों के तेल से ही यह रोग उत्पन्न होता है। सन् 1941 में सत्यनाशी के विष की पहचान की गई। इस विष को सैंगुनेरिन कहते हैं। यह विष ही मृत्यु का कारण बनता है। कई बार इलाज के बावजूद रोगी की मृत्यु हो जाती है।

ड्राप्सी कैसे होती है ?

विषैला पदार्थ सैंगुनेरिन जो कि सरसों के मिलावटी तेल में मौजूद होता है, जब शरीर

में पहुँचता है तो यह पिरूविक अम्ल के आक्सीकरण में बाधा उत्पन्न करता है। यह पिरूविक अम्ल रक्त में इकट्ठा हो जाता है। इस कारण शरीर की छोटी-छोटी रक्तवाहिकाएँ फैल जाती हैं। विशेषकर त्वचा, हृदय एवं आँखों की छोटी रक्तवाहिकाएँ जिन्हें केपिलरीज भी कहते हैं—अत्यधिक मात्रा में फैल जाती हैं। कुछ वाहिकाएँ श्लेष्मा तथा त्वचा में छोटी-छोटी गाँठें सरीखी बना लेती हैं जिनसे खून भी रिसता है।

रोग के लक्षण—ड्राप्सी के लक्षण विषाक्त तेल खाने वाले सभी व्यक्तियों में एक साथ मिलते हैं, इसलिए इसे एपिडेमिक ड्राप्सी कहते हैं। रोग के प्रमुख लक्षण निम्न हैं—

- उल्टी होना
- दस्त लगना
- एकदम से दोनों पैरों में सूजन
- हृदय का ठीक तरीके से कार्य न करना (हार्ट फेलअर), इससे रोगी की मृत्यु भी हो सकती है।
- आँखों में मोतियाबिंद या काँचियाबिंद (ग्लॉकोमा) नामक रोग हो जाना।
- बुखार रहना।
- त्वचा पर खूनी चकत्ते दिखते हैं, इनसे खून भी रिसता है।

रोग की जटिलताएँ—ड्राप्सी के लगभग दस प्रतिशत मरीज आँखों के रोग ग्लॉकोमा से ग्रस्त हो जाते हैं, जो अन्धापन को जन्म देता है। दूसरी जटिलता है हार्ट फेलअर अर्थात् हृदय का ठीक तरह से कार्य न करना। जैसा कि पूर्व में बतलाया जा चुका है कि ड्राप्सी रोग से ग्रस्त मरीजों में हार्ट फेलअर ही उनकी मृत्यु का कारण बनता है।

रोग का इलाज—वास्तविकता यह है कि रोग का पूर्ण संतोषजनक इलाज उपलब्ध नहीं है। फिर भी यदि रोगी को तुरन्त चिकित्सा उपलब्ध हो जाए तो वह बच सकता है।

चिकिसक हार्ट फेलअर का इलाज डिजॉक्सिन जैसी दवा देकर करते हैं। रोग में कार्टिकोस्टेराइड दवाएँ भी दी जाती हैं। इसके अलावा रोगी को ऊँचे दर्जे की प्रोटीन युक्त खुराक दी जाती है तथा विषाक्त तेल युक्त भोजन बिल्कुल बन्द कर दिया जाता है। इस रोग से रोगी को मुक्ति धीरे-धीरे कई दिनों में मिल पाती है।

आँखों के रोग ग्लॉकोमा (काँचियाबिन्द) को ठीक करने के लिए नेत्र रोग विशेषज्ञ आपरेशन करते हैं। अतः आँखों की समस्याओं के लिए नेत्र विशेषज्ञ को दिखलाना चाहिए।

एपिडेमिक ड्राप्सी से बचाव

1. किसानों को सरसों की फसल उगाते वक्त यह ध्यान रखना चाहिए कि कहीं उसके साथ सत्यानाशी के पौधे भी तो नहीं उग रहे हैं और यदि ये पौधे दिखें तो तुरन्त इन्हें अलग कर देना चाहिए।
2. मिल मालिकों को मिलावट युक्त बीजों से तेल नहीं निकलवाना चाहिए।

3. जिन क्षेत्रों में यह रोग फैल रहा हो वहाँ के निवासियों को फिलहाल सरसों के तेल का खाद्य तेल के रूप में सेवन बन्द रखना चाहिए। खुला सरसों का तेल न खरीदकर अच्छी कम्पनी का शुद्ध तेल खरीदें, बोतल पर यह लिखा भी देख लें कि यह अर्जीमोन से रहित है। बोतल पर एगमार्क का निशान भी देख लें।
4. सरकार को सरसों के तेल में अर्जीमोन (सत्यानाशी) तेल की मिलावट पर सख्त रोग लगानी चाहिए। इस तरह की मिलावट करने वालों की सजा कम से कम मृत्युदंड होनी चाहिए।

कैसे करें मिलावट का पता ?

सरसों के तेल में सत्यानाशी के बीजों के तेल की मिलावट पता करने के अनेक तरीके हैं। सत्यानाशी का तेल नारंगी रंग का होता है। इसकी जाँच के लिए निम्न परीक्षण करते हैं–

1. **नाइट्रिक एसिड टेस्ट**–यह एक साधारण परीक्षण है। परखनली में मिलावट युक्त तेल लेकर उसमें नाइट्रिक एसिड मिलाते हैं फिर परखनली को हिलाकर रंग देखते हैं। यदि कत्था रंग से नारंगी/लाल रंग बनता है तो निश्चय ही इस तेल में सत्यनाशी तेल का स्तर 0.25 प्रतिशत से अधिक होता है।
2. **ग्लेसियल एसीटिक एसिड टेस्ट**–परखनली में 5 मिलीलीटर मिलावटी तेल लेते हैं फिर उसमें एक मिलीलीटर ग्लेसियल एसीटिक एसिड तथा 2 मिलीलीटर क्यूप्रिक एसीटेट घोल मिलाते हैं। इसके पश्चात् परखनली को उबलते पानी में 15 मिनट तक रखते हैं। यदि हरा रंग बनता है तो तेल में सत्यानाशी के बीजों के तेल की मिलावट की गई है।
3. **पेपर क्रोमेटोग्राफी टेस्ट**–यह अत्यन्त संवेदनशील परीक्षण होता है। इसमें सत्यनाशी के तेल का किसी भी तेल में 0.0001 प्रतिशत अंश का भी पता लग जाता है। परन्तु यह जाँच प्रयोगशालाओं में प्रशिक्षित व्यक्तियों द्वारा ही सम्भव है, अतः इसका विवरण देने का औचित्य यहाँ नहीं है।

7

भोजन एवं पेयजल को सुरक्षित कैसे बनाएँ ?

यह बात सही है बीमारियाँ फैलें इसके पूर्व ही उनकी रोकथाम करना ज्यादा ठीक रहता है। लेकिन दुर्भाग्यवश हमारे यहाँ इस मुद्दे पर ज्यादा ध्यान नहीं दिया जाता। रोग बाँटने वाले स्रोतों पर भी रोक लगानी चाहिए। केवल अस्पतालों की संख्या बढ़ाने पर ध्यान देने से समस्या का निदान सम्भव नहीं है।

हमारे यहाँ के प्रायः प्रत्येक शहर और गाँव कस्बों में गन्दे होटल, खोमचे इत्यादि बगैर पर्याप्त सफाई के चल रहे हैं। शुद्ध पेयजल की भी पर्याप्त व्यवस्था नहीं है। इस कारण अनगिनत बीमारियाँ हो रही हैं। विश्व स्वास्थ्य संगठन का कहना है कि यदि भारत में लोग सफाई से खाएँ पिएँ तो अधिकांश पेट के रोगों पर काबू पाया जा सकता है। एक अमेरिकी चिकित्सक ने तो यहाँ तक कहा था कि इस देश में केवल सुरक्षित पेयजल उपलब्ध हो सके तो पचास से साठ प्रतिशत बीमारियाँ रोकी जा सकती हैं। जबकि हमारे यहाँ लोग गंदे तालाबों कुँओं का पानी पीने पर विवश हैं। इसके अलावा खाने पीने में भी आवश्यक सफाई नहीं रखी जाती।

वास्तविकता यह है कि महानगरों के कुछ स्टार वाले होटलों को छोड़कर अधिकतर खाने-पीने के स्थानों पर गन्दगी व्याप्त रहती है। खाद्य पदार्थ बनाने, बर्तन धोने, पेयजल रखने इत्यादि के गलत तरीके प्रचलित हैं। उदाहरणार्थ, एक साथ कई जूठे बर्तन, गन्दे पानी में डालकर निकाल लिए जाते हैं फिर उन्हें बगैर अलग से साफ किए दुबारा उपयोग में लाते हैं। पीने के पानी की टंकियाँ गंदी और बिना ढक्कन की रहती हैं। बासी खाद्य सामग्री प्रयोग में लाई जाती है। खाने का सामान भी खुला रखा रहता है, जिन पर मक्खियाँ भिनभिनाती रहती हैं। कीटाणुनाशकों से होटलों या रेस्टोरेंट की ठीक से सफाई भी नहीं की जाती। इनमें काम करने वाले नौकर भी साफ-सुथरे नहीं रहते। वे न ठीक से हाथ धोते हैं न सफाई के अन्य तरीकों पर ध्यान देते हैं। इन सब अनियमितताओं के बावजूद सम्बन्धित अधिकारियों द्वारा कार्यवाही नहीं की जाती। कानून इनके लिए निष्प्रभावी रहता है। अप्रत्यक्ष रूप से ये कमियाँ कितने प्रकार के रोगों को फैला सकती हैं, इन तथ्यों पर कोई ध्यान नहीं दिया जाता जबकि भारत जैसे देश में तो आवश्यक है।

इनसे कौन से रोग फैल सकते हैं

आइए देखें, गन्दे होटलों, ढाबों, रेस्टोरेंट और चाट-मिठाइयों इत्यादि, खाद्य पदार्थों की दुकानों द्वारा कौन-कौन-सी घातक बीमारियाँ फैल सकती हैं। इनसे, हैजा, पीलिया, पोलियो, भोजन की विषाक्तता (फूड पाइजन) जैसी जानलेवा बीमारियाँ हो सकती है। कै-दस्त होना तो आम बात है। इन रोगों का समय पर इलाज न किया जाए तो मरीज के जीवन को खतरा उत्पन्न हो जाता है। इसके अलावा चाट-खामचों अथवा गंदगी भरे होटलों में खाकर, आप मोतीझरा (टाइफाइड) के शिकार बन जाएँ तो असामान्य बात नहीं है। पेट में राउंड वर्म अथवा अन्य तरह के कृमि भी हो सकते हैं, जो पेट दर्द और एलर्जी से लेकर रक्ताल्पता जैसे लक्षण पैदा कर सकते हैं। यहाँ तक कि वे श्वसन क्रिया को भी प्रभावित कर सकते हैं।

एक और पेट की सामान्य बीमारी भारत में अधिकतर रोगियों को रहती है। यह है आँव पड़ना (अमीबियासिस)। यह अशुद्ध खाने से होती है। इसके लिए भी उपर्युक्त स्रोत ही उत्तरदायी हैं। यह ऐसी बीमारी है जो बगैर गन्दे होटल छोड़े ठीक नहीं हो सकती। इसके अलावा भी अन्य कई बीमारियाँ अशुद्ध खाद्य पदार्थों और पेयजल से होती हैं।

गन्दे खोमचे या चाट भंडार कई तरह के रोग बाँटते हैं

उक्त बीमारियों से बचाव कैसे करें ?

आज के इस आपाधापी वाले युग में घर का भोजन और शुद्ध पीने का पानी प्रत्येक जगह साथ नहीं ले जाया जा सकता। स्वास्थ्य की दृष्टि से यह नितांत आवश्यक है

कि विभिन्न होटलों रेस्टोरेंट इत्यादि में शुद्ध खाद्य सामग्री और सुरक्षित पीने का पानी उपलब्ध हो। इसके लिए और भी कड़े कानून बनाकर उनका उचित रूप से पालन होना आवश्यक है। जहाँ तक सम्भव हो पीने के लिए शुद्ध पानी ही इस्तेमाल किया जाए। इसके लिए हैंडपम्प या नल का ऐसा पानी जो छनकर आता हो पीना चाहिए। कुँओं-तालाबों का पानी प्रायः अशुद्ध रहता है। यदि कुएँ का पानी इस्तेमाल करना पड़े तो उसमें आवश्यक मात्रा में ब्लीचिंग पाउडर डलवाना चाहिए। जहाँ तक सम्भव हो सके तो वाटर फिल्टर का पानी उपयोग करना चाहिए।

यदि पाइप लाइन खुली या फटी हो तो नल का पानी भी अशुद्ध बन सकता है। उसमें नाली की गन्दगी मिलकर आ सकती है, जिसमें कई तरह की बीमारियाँ उत्पन्न करने वाले रोगाणु होते हैं। तालाबों का रुका हुआ पानी भी गन्दा होता है। इसी तरह कुएँ यदि ढंके नहीं हैं, और उनमें पर्याप्त मात्रा में क्लोरीन की गोलियाँ या ब्लीचिंग पाउडर नहीं मिलाया गया है, तो ऐसे कुँओं का पानी भी अशुद्ध हो सकता है। नालों का पानी भी नहीं पीना चाहिए क्योंकि वह भी अशुद्ध होता है।

पानी को शुद्ध बनाने की कुछ घरेलू विधियाँ

(अ) उबालना–उबालने से पानी में मौजूद रोगाणु नष्ट हो जाते हैं और पानी पीने लायक बन जाता है। इससे कुछ हद तक पानी की कठोरता भी कम हो जाती है, लेकिन पानी लगातार 10 मिनट तक उबालना चाहिए, तभी इसमें मौजूद सभी तरह के कीटाणु मरते हैं। पानी को उसी बर्तन में उबालना चाहिए जिसमें उसे इकट्ठा करके रखना हो। क्योंकि बर्तन बदलने से पानी पुनः प्रदूषित होने की सम्भावना रहती है।

(ब) रासायनिक विधि–इस विधि में ब्लीचिंग पाउडर अथवा क्लोरीन की गोलियों का उपयोग करते हैं। 20 लीटर पानी को शुद्ध करने के लिए 0.5 ग्राम की एक गोली डालना काफी होता है। इसके अलावा जरूरत पड़ने पर क्लोरीन का घोल, पोटेशियम परमैगनेट, आयोडीन इत्यादि का भी प्रयोग करते हैं।

(स) पानी को छानना (फिल्ट्रेशन)–आजकल पानी शुद्ध करने के लिए कैंडिलयुक्त कई तरह के फिल्टर उपलब्ध हैं। जिनका उपयोग किया जा सकता है। लेकिन इसमें कैंडिल को सप्ताह में एक बार साफ करने का ध्यान रखना होता है। क्योंकि कैंडिल पर अशुद्धियाँ और बैक्टीरिया जमा हो जाते हैं। इनकी सफाई कड़े ब्रुश से नल की धार के नीचे करते हैं। फिर बाद में इन्हें उबालना भी चाहिए ताकि इनमें लगे कीटाणु मर जाएँ।

कुएँ के पानी को शुद्ध बनाना

ग्रामीण क्षेत्रों में कुएँ, पीने के पानी का प्रमुख स्रोत हैं। इसमें ब्लीचिंग पाउडर डालकर जीवाणु रहित बनाते हैं। यह काम प्राथमिक स्वास्थ्य केन्द्रों के बहुउद्देशीय स्वास्थ्य

कार्यकर्ता का होता है। वह कुएँ का पानी का आयतन ज्ञात कर उसमें विशेष विधि से ब्लीचिंग पाउडर मिलता है। यदि आपके नजदीक के कुँओं में स्वास्थ्य कार्यकर्ता ब्लीचिंग पाउडर न डालता हो तो चिकित्सक से कहकर अवश्य डलवा दें, ताकि कुएँ के पानी द्वारा उपर्युक्त वर्णित विभिन्न बीमारियाँ न फैलें। इसके अलावा कुँओं को ढँककर रखें। उनमें गन्दे बरतन न डुबोएँ।

गन्दे होटलों में भी पानी पीने से बचें, खुले हुए रखे खाद्य पदार्थों का भी प्रयोग न करें। बासी खाने से भी परहेज करें। जहाँ तक सम्भव हो ताजा भोजन ही लें, तो आप कई बीमारियों से बच सकते हैं और अपना समय, शरीर और पैसा तीनों बचा सकते हैं।

8

क्या खाएँ और क्या न खाएँ

यह सर्वविदित तथ्य है कि भोजन जीवन के लिए आवश्यक है उससे शरीर में ऊर्जा उत्पन्न होती है और कार्य करने की शक्ति मिलती है। साथ ही स्वयं शरीर को अपनी क्रियाएँ सम्पादित करने के लिए भी ऊर्जा आवश्यक होती है जो उसे आहार द्वारा ही प्राप्त होती है।

बीमारी की दशा में प्रायः शरीर की खाद्य सम्बन्धी आवश्यकताएँ बदल जाती हैं, इसलिए रोग और मरीज की सामान्य दशा के अनुसार भोजन में भी परिवर्तन करना जरूरी होता है। रोग उत्पन्न करने और मनुष्य को स्वस्थ रखने में भी आहार का महत्त्व है। उदाहरण, शरीर की जरूरत से अधिक कैलोरी वाला भोजन मोटापा और उससे जुड़े कई रोग उत्पन्न कर सकता है, जबकि उचित मात्रा में सन्तुलित आहार शरीर स्वस्थ रखने में सहायक होता है। इसी तरह कम अथवा असन्तुलित भोजन कई कुपोषण जन्य रोगों का कारण बनता है।

मोटापे के अलावा मधुमेह (डायबिटीज) जैसे रोगों में आहार परिवर्तन करके रोग पर नियंत्रण रखा जा सकता है–उच्च रक्तचाप की बीमारी में रक्तचाप को कम नमक एवं कम चर्बी युक्त भोजन लेकर एक सीमा तक घटाया जा सकता है। विटामिन्स, खनिज, लवण, कार्बोहाइड्रेट्स और प्रोटीन युक्त खाद्यों को उचित मात्रा में लेकर रक्ताल्पता, दुबलापन एवं अन्य अनेक कुपोषण जनित रोगों को ठीक किया जा सकता है।

यहाँ एक बात का और ध्यान रखना जरूरी है कि विभिन्न लोगों की आहार सम्बन्धी आदतें और रुचियों के अनुसार आहार अथवा भोजन के बारे में सुझाव देना चाहिए। वरना हो सकता है कि रोगी भोजन पर लगाए गए अधिक प्रतिबन्धों को न माने या जरूरत से कम खाए। इसके अलावा खाने के पोषक तत्त्वों और उनकी सुपाच्यता पर भी ध्यान देना आवश्यक है।

कुछ प्रमुख रोगों में मोटे तौर पर आहार सम्बन्धी बातें बतलाई जा रही हैं जिनका ध्यान रोगियों को और उनके घर के सदस्यों को रखना चाहिए–

हृदय रोगों में आहार

भोजन का हृदय रोगों में बड़ा महत्त्व है। गलत आहार और आदतों के कारण ही हृदय वाहिकाओं के रोग जैसे हृदयाघात इत्यादि होते हैं। उदाहरणार्थ, अधिक चर्बी युक्त भोजन रक्त में कोलेस्टेराल की मात्रा बढ़ा देता है जिससे हृदयरोग होने की सम्भावना भी बढ़ जाती है। जानवरों से प्राप्त मांस या चर्बी एवं दूध, मक्खन, घी का अधिक सेवन कोलेस्टेरॉल की बढ़ी हुई मात्रा, रक्त जमाने वाले तत्त्वों कों इकट्ठा करके रक्त-वाहिकाओं में थक्का बनाने में सहायक होती है। अतएव हृदयरोगी को कोलेस्टेरॉल बढ़ाने वाले पदार्थ जैसे—घी, मांस, मक्खन, नारियल का तेल इत्यादि सेवन नहीं करना चाहिए। इसके अलावा शराब, सिगरेट, तम्बाकू को भी आवश्यक रूप से बन्द कर देना चाहिए।

हृदय वाहिकाओं से सम्बन्धित रोगियों को कार्बोहाइड्रेट्स युक्त आहार जैसे—रोटी, चावल, इत्यादि लेना ज्यादा अच्छा रहता है। मांसाहार में चूंकि प्रोटीन और चर्बी की अधिक मात्रा मिलती है। अतः इसे त्याग देना या कम करना बेहतर रहता है। भोजन में रेशों (फाइबर्स) की मात्रा भी होनी चाहिए। ये रेशे हरी सब्जियों, फलों और दालों इत्यादि से प्राप्त होते हैं। यह पाया गया है कि रेशे भी हृदय रोगों को कम करते हैं।

नमक और रक्तचाप का परस्पर घनिष्ट सम्बन्ध है। अधिक नमक रक्तचाप को बढ़ा देता है। अतएव रक्तचाप के रोगी को खाने में नमक की मात्रा अत्यंत कम कर देनी चाहिए। उसे 24 घंटे में 1.5 ग्राम से अधिक नमक नहीं लेना चाहिए।

क्षयरोग अथवा यक्ष्मा में आहार

इन रोगों में लम्बे समय तक इलाज चलता है। मरीज को दवाइयों के साथ पौष्टिक खाने का भी ध्यान रखना होता है। रोगी को सामान्य लोगों से अधिक कैलोरी वाला भोजन जिसमें प्रोटीन और विटामिन्स की पर्याप्त मात्रा हो, लेना चाहिए। शाकाहारी व्यक्ति दूध, दूध के साथ बने खाद्य, दही, सोयाबीन, दालें इत्यादि पर्याप्त मात्रा में लें। मांसाहारी कम चर्बी वाला गोश्त जैसे—मछली और अंडे ले सकते हैं। इनमें प्रोटीन की अच्छी मात्रा मिल जाती है। लेकिन फेफड़ों के क्षयरोग में मोटापा भी हानिकारक होता है। अतएव यह ध्यान रखना चाहिए कि बहुत अधिक वजन भी न बढ़ने पाए, इसके लिए समय-समय पर वजन लेते रहना चाहिए।

पीलिया (संक्रामक यकृतशोथ) में आहार

प्रायः संक्रामक यकृतशोथ ही आँखों में पीलेपन का कारण होता है। यह एक खतरनाक रोग है। रोग में आहार पर ध्यान देना महत्त्वपूर्ण है। यकृतशोथ में रोगी की भूख कम हो जाती है और उल्टियाँ होती हैं अथवा जी मचलाता रहता है।

चूँकि इस रोग में यकृत कमजोर हो जाता है, अतएव अधिक चर्बी युक्त आहार जैसे—घी, तेल इत्यादि कम लेने के साथ ही चाय, तले भोज्य पदार्थ, मसाले, सिगरेट, शराब इत्यादि बन्द कर देने चाहिए।

आहार में फलों का रस, गन्ने का रस, ग्लूकोज इत्यादि प्रचुर मात्रा में लिया जाना चाहिए। मीठे फल जैसे–पपीता, केला इत्यादि भी लिए जा सकते हैं। भोजन में चावल रोटी-दाल, उबली हरी सब्जियाँ आदि शामिल करनी चाहिए।

टॉयफाइड बुखार में आहार

भारत में होने वाला यह एक आम बुखार है। इसमें आँतें कमजोर हो जाती हैं। उनके छाले (अल्सर) भी बन जाते हैं। अतः हल्का सुपाच्य भोजन करना चाहिए। रोग में फलों का रस, मट्ठा, दही, दाल का पानी इत्यादि प्रचुर मात्रा में लेना चाहिए। आइसक्रीम भी ली जा सकती है। लेकिन बुखार के साथ दस्त लग रहे हों तो आम, पपीता, अमरूद जैसे फल नहीं खाना चाहिए। टॉयफाइड में सेब खाए जा सकते हैं। इसके अलावा पके केले भी लेना चाहिए।

भोजन में चावल, साबूदाना, दलिया, दही लिया जा सकता है। मूँग की दाल भी ले सकते हैं। तापमान सामान्य होने पर ही अन्य तरह के आहार जैसे रोटी इत्यादि लेना चाहिए। तली हुई चीजों से परहेज रखना चाहिए, ज्यादा मिर्च मसाले नहीं लेना चाहिए।

पेप्टिक व्रण (अल्सर) और अति अम्लता में आहार

पेप्टिक व्रण दो प्रकार के होते हैं पहला आमाशय व्रण (गेस्टिक अल्सर) और दूसरा ग्रहणी व्रण (ड्यूडेनल अल्सर) और दोनों में लगभग समान भोजन लिया जाता है। पेप्टिक व्रण में आहार लेने का सिद्धान्त यह है कि कम समय के अन्तर से बार-बार थोड़ा-थोड़ा आहार लिया जाए, इससे आमाशय और ग्रहणी में अम्लता नहीं बढ़ने पाती, चूँकि अधिक अम्लता, व्रण (अल्सर) के लिए घातक होती है, आहार में दूध प्रमुखता से लिया जाता है। केले, साबूदाना, कच्चा नारियल इत्यादि खाद्यों को शामिल किया जा सकता है।

इस रोग में ध्यान देने योग्य बात यह है कि गरम चाय, कॉफी, अल्कोहल (बीयर और शराब), मिर्च, मसाले, अचार, तम्बाकू इत्यादि बिल्कुल छोड़ देने चाहिए।

अति अम्लता और आमाशय शोथ (गेस्ट्राइटिस) में भी उपर्युक्त बतलाए अनुसार आहार लिया जाता है और जो वर्जित आहार की चर्चा की गई है उसे भी ध्यान में रखना चाहिए। इन रोगों में लम्बे समय तक खाली पेट न रहें वरना रोग बढ़ सकता है।

कब्ज (कांस्टिपेशन) में आहार

कब्ज को आहार में परिवर्तन द्वारा काफी हद तक ठीक किया जा सकता है, इसके लिए भोजन में रेशे वाले खाद्य पदार्थों को शामिल किया जाना चाहिए, रोगी को अपने भोजन में हरी पत्तेदार सब्जियाँ जैसे पालक, बथुआ, मेथी इत्यादि को प्रचुर मात्रा में शामिल

करना चाहिए। फल जैसे पपीता, चीकू, अमरूद भी उपलब्धता के अनुसार रोज खाने चाहिए। आहार में सलाद जैसे खीरा, टमाटर, प्याज, पत्तागोभी, गाजर, मूली इत्यादि की भी पर्याप्त मात्रा होनी आवश्यक है। यह ध्यान रखा जाए बल्कि उन्हें केवल उबालकर खाया जाए तो बेहतर है। गुनगुना नीबू पानी-शहद या नमक के साथ लेना भी कब्ज में हितकर होता है। इसके अलावा शारीरिक व्यायाम जैसे टहलना इत्यादि भी होना चाहिए।

कब्ज के रोगी को चाय, कॉफी, तले पदार्थ (पूरी, भजिया, आलूबड़ा, समोसा इत्यादि तथा चाकलेट, दूध से बने खाद्यों से परहेज रखना चाहिए। हाँ, रात्रि में एक गिलास दूध मुनक्का के साथ लिया जा सकता है।

प्रातः उठकर अधिक मात्रा में जल पीना (उषापान) भी मलोत्सर्ग की क्रिया को सहज करता है।

दस्त या पेचिस (डायरिया) में आहार

इस रोग का कारण विषाक्त आहार या संक्रमण (इन्फेक्शन) होता है। बच्चों में कृमि रोग के कारण भी दस्त लगते हैं, इसलिए कारण के अनुसार ही आहार में परिवर्तन किया जाता है। सर्वप्रथम तो यह ध्यान रखा जाता है कि रोगी के शरीर में पानी और नमक की कमी न होने पाए। इसके लिए रोगी को खूब पानी पिलाने के अलावा फलों का रस (मौसमी, संतरा, सेब इत्यादि), नारियल पानी, मट्ठा, दाल का पानी इत्यादि देते रहते हैं।

आहार में पके केले, चावल और चिकित्सक की सलाह से दही भी लिया जा सकता है। आदत के अनुसार चाय-कॉफी भी ली जा सकती है परन्तु **तले खाद्य, मसाले और खोवे इत्यादि से बनी मिठाइयों का परहेज करना चाहिए।** पीने के पानी की शुद्धता पर भी ध्यान देना जरूरी होता है। इसके लिए उबला या फिल्टर से छना हुआ पानी प्रयोग में लाना चाहिए। कई बार कुछ विशेष तरह के खाद्य पदार्थ छोड़ने पर भी दस्त रुक जाते हैं। जैसे—सीलियक रोग एवं संग्रहणी में ग्लूटेन रहित आहार देने से दस्त बन्द हो जाते हैं, कुछ बच्चों को शर्करा पचाने वाले एन्जाइम की कमी से दूध नहीं पचता ऐसे बच्चों को दूध पिलाना बन्द करने या दुग्ध शर्करा से रहित आहार देने से दस्त बंद हो जाते हैं। एलर्जी के कारण दस्त लगने पर एलर्जी कारक आहार अलग करने पर दस्त लगने की बीमारी ठीक हो जाती है।

फ्लू एवं अन्य तरह के बुखारों में आहार

प्रायः सभी तरह के बुखारों में शरीर की प्रोटीन, कार्बोहाइड्रेट, विटामिन्स और पानी की आवश्यकताएँ बढ़ जाती हैं। आराम के साथ-साथ मरीज को चाय, कॉफी, जौ का पानी, नारियल पानी, सादा पानी इत्यादि तरल पदार्थ देने चाहिए।

ज्वर में शरीर की कैलारियों की आवश्यकताएँ अधिक बढ़ जाती हैं। इसलिए

थोड़ा-थोड़ा हल्का और सुपाच्य भोजन लेते रहना चाहिए। अलग से ग्लूकोज भी लिया जा सकता है। हल्के ज्वर में भोजन के रूप में चपातियाँ, दाल-चावल, उबली हरी सब्जियाँ इत्यादि लिए जा सकते हैं। मसालेदार तले-भुने भोजन से परहेज रखना चाहिए।

गुर्दे की पथरी में आहार

गुर्दे की पथरी (स्टोन) का निर्माण कुछ विशेष तरह के खाद्यों का अत्यधिक मात्रा में सेवन करने से भी हो सकता है। अतएव पथरी जिन योगिकों से बनी है उन यौगिकों युक्त खाद्य पदार्थों का परहेज रखना चाहिए। उदाहरणार्थ, आक्जेलेट वाली पथरी में रोगी को टमाटर, इमली, अदरक, प्लाज, मूली, भिंडी, सलाद, जिमीकन्द, आलू का परहेज रखना चाहिए। यूरिक एसिड वाली पथरी में रोगी को चाय, काफी, दालें, गोश्त (कलेजी, गुर्दे), काजू, मूँगफली आदि नहीं लेना चाहिए।

यदि पथरी मिश्रित प्रकार की है तो ऊपर बतलाए दोनों प्रकार के खाद्य पदार्थों से परहेज रखें, रोगी को अत्यधिक मात्रा में पानी पीना चाहिए।

कैंसर में आहार

आजकल यह माना जाने लगा है कि लगभग 80 प्रतिशत कैंसर, भोजन और वातावरण में उपस्थित अन्य कारकों द्वारा होते हैं। कैंसर की दृष्टि से कुछ पदार्थों का संक्षिप्त विवरण–

(अ) **वसा अथवा चर्बी**–यह पाया गया है कि अधिक वसा युक्त आहार बड़ी आँतों के कैंसर को जन्म देता है। विभिन्न परीक्षणों में यह भी देखा गया है कि अधिक वसा की मात्रा स्तन कैंसर को भी बढ़ावा देती है। अतएव ज्यादा मात्रा में चर्बी या वसा लेने से बचना चाहिए।

(ब) **रेशे की मात्रा**–रेशे की मात्रा आँतों के कैंसर को रोकने में सहायक होती है, अतएव अधिक मात्रा में हरी सब्जियाँ, फलों का रस और सलाद को भोजन में शामिल करना चाहिए।

(स) **विटामिन एवं खनिज लवण**–विटामिन सी तथा सेलेनियम शरीर की कैंसर से रक्षा करते हैं, अतएव नीबू प्रजाति के फल अमरूद, आँवला, हरी सब्जियाँ लेनी चाहिए, इनमें विटामिन सी भी होता है और खनिज लवण भी होते हैं।

(द) **डिब्बाबंद खाद्य पदार्थों**–इसका उपयोग बंद करना चाहिए, इनमें प्रयुक्त रसायन और रंग हानिकारक होते हैं, कॉफी भी मूत्राशय और क्लोम ग्रन्थि का कैंसर उत्पन्न करती है।

(इ) **शराब और सिगरेट**–इसका प्रयोग कैंसर उत्पन्न करने में अहम भूमिका निभाते हैं। अतएव इन्हें छोड़ना ही बेहतर है। गुटखा भी मुँह के कैंसर का एक बड़ा कारण है, अतः इसे भी पूर्णतः बन्द कर देना चाहिए। इसकी जगह सूखे आँवले के टुकड़े या हरड़ के टुकड़े चबाए जा सकते हैं जो फायदेमन्द भी होंगे।

9

स्कूलों में मध्याह्न भोजन और कुपोषण

बच्चों के पोषण पर विशेष ध्यान देना इसलिए जरूरी होता है क्योंकि उनकी शारीरिक वृद्धि बड़ी तेजी से होती है और उनकी भीतरी शारीरिक क्रियाओं और परिवर्तनों के लिए अतिरिक्त ऊर्जा की आवश्यकता होती है। अतएव इसके लिए उन्हें अतिरिक्त प्रोटीन के साथ ही खनिज लवणों और विटामिन्स की भी जरूरत होती है। क्या आपको पता है केवल विटामिन 'ए' की कमी के कारण प्रतिवर्ष देश में कई हजार बच्चे अन्धे हो जाते हैं, और असन्तुलित एवं अपर्याप्त भोजन के कारण देहातों में लगभग आधे बच्चे कुपोषण ग्रस्त है। अतः बच्चों के बाल्यकाल में ही उनकी पर्याप्त खुराक पर ध्यान देना जरूरी है। बहुत से परिवार तो अपने बच्चों को पर्याप्त प्रोटीन युक्त सन्तुलित आहार की व्यवस्था भी गरीबी के कारण नहीं कर पाते हैं और बहुत से परिवार जानकारियों के अभाव में यथोचित पोषण युक्त आहार न स्वयं ले पाते है और न अपने बच्चों को खिला पाते हैं। इस कारण कई बच्चे स्कूल जाने की उम्र में ही कुपोषण और उसके कारण उत्पन्न कई गम्भीर रोगों के शिकार बन जाते हैं। इस कारण बेचारे शिक्षा से भी वंचित रह जाते हैं।

शुरुआत स्कूलों में मध्याह्न भोजन की

स्कूली बच्चों की औसतन आयु 5 से 15 वर्ष मानी गई है और यह किसी भी राष्ट्र की जनसंख्या का बड़ा और महत्त्वपूर्ण भाग होता है। स्कूली बच्चों के निरीक्षणों से यह तथ्य पता चला है कि यह वर्ग अक्सर प्रोटीन, कैलोरी और अन्य खाद्यों की कमी से ग्रस्त होता है। अतः शासन एवं माननीय न्यायालय की मंशा के अनुसार इन मासूम छात्रों को स्कूल में ही पौष्टिक आहार उपलब्ध करवाने का सोचा गया।

कब शुरू हुआ ? भारत में बहुत पहले सन् 1925 में मद्रास (चेन्नई) में निःशुल्क स्कूल भोजन व्यवस्था आरम्भ की गई थी। भारत सरकार द्वारा नियुक्त स्कूल हेल्थ कमेटी ने भी सन् 1960 में मध्याह्न भोजन की सिफारिश की थी। वैसे आजकल अनेक देशों में स्कूल भोजन, शिक्षा व्यवस्था का अंग बन चुका है।

स्कूलों में ही भोजन व्यवस्था क्यों ?

इसके निम्न कारण गिनाए जा सकते हैं जैसे कि–

1. भारत में कुल स्कूली बच्चे जनसंख्या का एक तिहाई भाग है।
2. बच्चों के तेजी से शारीरिक और मानसिक विकास के लिए उन्हें अतिरिक्त पोषण की जरूरत होती है।
3. स्कूल में चूँकि बच्चे इकट्ठे रहते हैं, अतः उनको भोजन कराना सरल है।
4. बच्चों के साथ-साथ भोजन करने से उनमें मित्रता और समानता की भावना आती है और पोषण शिक्षा की जानकारी भी होती है।
5. ऐसा समझा जाता है कि बच्चों के पोषण स्तर में सुधार होगा तो शिक्षा के स्तर में भी सुधार होगा।

भोजन कार्यक्रम के कुछ सर्वमान्य सिद्धान्त

1. भोजन घर के भोजन से अलग हो। अभिप्राय यह कि जो जरूरी खाद्य उन्हें घर पर उपलब्ध नहीं हो पाते वे उन्हें स्कूल भोजन में दिए जाएँ।
2. इस भोजन द्वारा प्रोटीन की कुल दैनिक आवश्यकता का आधा भाग और कार्बोहाइड्रेट्स (कैलोरी) का एक-तिहाई भाग पूरा हो।
3. भोजन का मूल्य बजट अनुसार हो।
4. भोजन आसानी से विद्यालय में तैयार हो सके।
5. जहाँ तक सम्भव हो सरलता से उपलब्ध स्थानीय खाद्यों का इस्तेमाल हो।
6. भोजन की सूची को बदलते रहना चाहिए। ताकि बच्चों में भोज्य पदार्थों के प्रति विरक्ति उत्पन्न न हो या एकरसता न हो।

तालिका-6

जानकारी के लिए मध्याह्न स्कूल की आदर्श भोजन सूची नीचे दी जा रही है

खाद्य		मात्रा (ग्रामों में)
अनाज	–	80-100
दाल	–	30
पत्ती वाली सब्जियाँ	–	30
बिना पत्ती वाली सब्जियाँ	–	30
दूध या उसकी जगह प्रोटीन युक्त अन्य आहार	–	150-200 मिलि.

वैसे राष्ट्रीय पोषण संस्थान हैदराबाद ने उत्तर और दक्षिण भारतीयों के लिए उपयुक्त स्कूल भोजन की आदर्श सूचियाँ बनाई है, इन्हें भी प्राप्त किया जा सकता है।

द्वितीय भाग

सन्तुलित भोजन

1

कैसा हो हमारा भोजन

हमारे देश में प्राचीन काल से अच्छे स्वास्थ्य के लिए उचित आहार पर जोर दिया गया है। चिकित्सा शास्त्र के आचार्यों और ऋषि-मुनियों ने आयुर्वेद में आहार की महत्ता प्रतिपादित की है। स्वास्थ्य रक्षा में आहार के महत्त्व का प्रायः सभी चिकित्सा सम्बन्धी ग्रन्थों में उल्लेख किया गया है। उपनिषद् में कहा गया है–'अन्नो वै मनः' अर्थात् अन्न ही हमारे मन का निर्माण करता है। चरक संहिता में लिखा है–'प्राणाः प्राणभृता-अन्नमन्नम्, (सूत्र 27/349), इसका अभिप्राय है, अन्न प्राणियों का प्राण है।

श्रीमद्भगवद्गीता, आहार के सम्बन्ध में भी बहुत कुछ कहती है। इसके अनुसार भोजन अथवा आहार यथायोग्य हो। न बहुत अधिक खाया जाए और न ही बहुत कम खाया जाए तो योगी की साधना सफल होती है। (6/16-17) भगवान कृष्ण सत्रहवें अध्याय में कहते हैं–"भोजन अपनी-अपनी प्रकृति के अनुसार तीन प्रकार से मनुष्यों को प्रिय होता है।"

आयु सत्त्वबला रोग्य सुख प्रीतिविवर्धनाः
रस्याः स्निग्धाः स्थिरा हृद्या आहाराः सात्विकप्रियः॥

इसका अर्थ है–"आयु, बुद्धि, बल, आरोग्य और प्रीति को बढ़ाने, रसयुक्त, चिकने और मन को भाने वाले आहार अथवा खाद्य पदार्थ सात्विक मनुष्य को प्रिय होते हैं। आगे श्री भगवान द्वारा कड़ुए, खट्टे, दुश्चिन्ताओं, दुःखों और रोगों को उत्पन्न करने वाले खाद्य पदार्थों को राजसी तथा अधपके, रसरहित, बासी, अपवित्र (अस्वच्छ) दुर्गन्ध युक्त भोजन को तामसी मनुष्यों को प्रिय बतलाया गया है। इस तरह श्रीमद्भगवद्गीता में भी आहार की जो मीमांसा है, वह आज भी सामयिक और सटीक है। आज बहुत से रोग चटोरी जिह्वा के कारण होते हैं, तो बहुत सी कुपोषण की बीमारियाँ उपयुक्त खाद्यों की कमी के कारण अथवा उनका उपयोग न करने के कारण होती हैं। आहार केवल स्वाद के लिए नहीं बल्कि शरीर की आवश्यकताओं के अनुरूप होना चाहिए।

हमारा आयुर्वेद तो भोजन अथवा आहार सम्बन्धी हिदायतों से भरा पड़ा है। आयुर्वेद ने जितना महत्त्व आहार या भोजन को दिया है, उतना अन्य किसी चिकित्सा पद्धति को नहीं। लेकिन फिर भी यह विडम्बना ही है कि भारत में आधे से अधिक

बच्चे कुपोषण से किसी न किसी रूप में ग्रस्त हैं तथा एक-तिहाई के लगभग महिलाएँ कुपोषण की शिकार हैं। आयुर्वेद में पथ्य एवं कुपथ्य को भी बहुत अधिक महत्त्व दिया गया है। आयुर्वेद में शरीर और मन के लिए हितकारी आहार को पथ्य एवं शरीर को नुकसान पहुँचाने वाले भोज्य पदार्थों को कुपथ्य कहा गया है।

आयुर्वेद कहता है–"उपयुक्त आहार ही शरीर के समुचित विकास, शक्ति, सुख एवं उन्नत स्वास्थ्य का सूचक है।" फिर आयुर्वेद कहता है कि शरीर में जो प्राकृतिक अग्नियाँ विद्यमान होती हैं, उन्हीं के द्वारा आहार का पाचन होता है और वे ही तय करती हैं कि लिया गया आहार शरीर में पाचन के पश्चात् शरीर का पोषण कर रहा है अथवा नहीं। आहार स्वस्थ व्यक्ति के लिए तो समुचित होना ही चाहिए। साथ ही रोगी को रोग मुक्त करने के लिए भी उसका सही निर्धारण होना चाहिए। एक चिकित्सक भी अपनी चिकित्सा में तब तक सफल नहीं होता, जब तक वह रोगी को उचित आहार (पथ्य) अथवा अनुचित आहार (कुपथ्य) की व्यवस्था न दे। इसी प्रकार कोई शासन अथवा सरकार भी तब तक अपने कार्यों में सफल नहीं मानी जा सकती, जब तक वह आम लोगों और उनके बच्चों के लिए उचित पोषण आहार नीति बनाकर उसका सफल क्रियान्वयन न करे।

आधुनिक चिकित्सा शास्त्र या पाश्चात्य चिकित्सा के अनुसार भोजन की परिभाषा विस्तृत है। बीसवीं सदी में विभिन्न विटामिन्स की खोजों ने पोषण विज्ञान में क्रान्ति ला दी थी। 1950 ई. तक तो सभी विटामिन्स एवं प्रोटीन्स के अमीनो एसिड्स खोजे जा चुके थे। लेकिन अब हमें एंटी ऑक्सीडेंटों के बारे में भी पता चल चुका है, जो मानव शरीर पर उम्र के कुप्रभावों को कम करते हैं, और कैंसर से भी रक्षा करते हैं।

आधुनिक चिकित्सा के अनुसार आहार–आधुनिक चिकित्सा शास्त्र के अनुसार–हमारे लिए उचित आहार वह है जो हमारे शरीर के कार्यों को संचालित करने के लिए पर्याप्त ऊर्जा प्रदान करने के साथ-साथ शरीर की कोशिकाओं की वृद्धि के लिए पोषक पदार्थ उपलब्ध करवाएँ, साथ ही शरीर को स्वस्थ और क्रियाशील भी रखे। इसके अनुसार किसी भी बच्चे, महिला या पुरुष के आहार में निम्न खाद्य पदार्थों का रहना आवश्यक है–

1. **ऊर्जा देनेवाले आहार**–जैसे–चावल, आलू, शक्कर, वसा, तेल इत्यादि। (कार्बोहाइड्रेट्स और वसा प्रधान)
2. **शरीर की वृद्धि और गठन करनेवाले आहार**–ये प्रोटीन प्रधान होते हैं, जैसे–दूध, अंडे, मांस, मछली, सोयाबीन, विभिन्न दालें इत्यादि।
3. **शरीर को सुरक्षा प्रदान करनेवाले आहार**–इनमें विटामिन्स, खनिज लवण और एंटी आक्सीडेंट होते हैं। जैसे–हरी पत्तेदार सब्जियाँ, ताजे फल, किण्वित आहार, अंकुरित अनाज जैसे–गेहूँ, चने, मूँग इत्यादि। इसके अलावा फलों एवं सब्जियों के रसों को भी इस वर्ग में लिया जा सकता है।

उक्त पद्धति में भोजन के प्रमुख रूप से छह घटक माने गए हैं–कार्बोहाइड्रेट्स,

प्रोटीन्स, वसा, विटामिन्स और खनिज लवण एवं जल। इन छह घटकों का सन्तुलित मात्रा में सेवन ही आधुनिक चिकित्सा पद्धति में उचित आहार कहलाता है।

लेकिन प्राचीन काल से ही आहार और पथ्य-कुपथ्य का ज्ञान रखने वाले इस देश में आज आहार के नाम पर सैकड़ों तरह के 'ऊल-जलूल' डिब्बों या बोतलों में बंद हानिकारक रसायनों से युक्त खाद्यों का उत्पादन और आयात हो रहा है। इन्हें खा-खाकर एक ओर तो लाखों बच्चे और वयस्क बीमार या मोटे बन रहे हैं, लेकिन दूसरी ओर जिन बच्चों और माताओं को आवश्यक खाद्य उपलब्ध नहीं हैं, वे कुपोषण ग्रस्त हो रहे हैं। इससे लगता है कि अभी हमारी पोषण नीतियों में और भी सुधारों की गुंजाइश है और हमें अपने भोजन पर ध्यान देकर उसे सन्तुलित बनाना होगा।

भारत की पोषण नीति और प्रयास

देश के कृषि-प्रधान होते हुए भी यहाँ मांसाहारियों (विशेषकर समुद्री किनारों पर रहनेवाली आबादी) की संख्या भी कम नहीं है। अतएव नीति ऐसी हो जों समग्र देश के अनुकूल हो।

भारत ने सन् 1993 में पोषण नीति निर्धारित की थी और सन् 2000 तक के जो लक्ष्य रखे थे, उसके तहत खाद्यों के उत्पादन, आपूर्ति और आहार सम्बन्धी शिक्षा सूचना-तंत्र, स्वास्थ्य रक्षा, मातृ-शिशु विकास तथा कुपोषित या जरूरतमंद लोगों की पहचान एवं उन तक आहार पहुँचाने की व्यवस्थाएँ शामिल थीं। इसके लिए मध्याह्न भोजन योजना स्कूलों में चल रही है।

भारत में कुपोषण की समस्या तो व्यापक है ही, अन्य पोषण एवं आहार सम्बन्धी कई समस्याएँ भी हैं। जैसे कि–

1. **प्रोटीन, कैलोरी कुपोषण**–जो भोजन में प्रोटीन और कैलोरी की कमी के कारण होता है। इसके कारण बड़ी संख्या में बच्चे क्वाशियोंकर एवं सूखारोग (मरास्मस) से ग्रस्त हैं।
2. **गलगंड या घेंघा रोग**–लगभग 17 करोड़ लोग इस बीमारी से ग्रस्त हैं। यह स्थिति आयोडीन की कमी से बनती है।
3. **विटामिन्स की कमी**–केवल विटामिन 'ए' की कमी से 12 से 14 हजार बच्चे प्रतिवर्ष अंधे हो जाते हैं।
4. **रक्ताल्पता**–छोटे बच्चों, गर्भवती माताओं में पोषण की कमी के कारण यह स्थिति बनती है। खून की कमी का रोग भी देश के लिए एक विकट समस्या है।
5. **लेथिरिज़्म**–यह अपंग करने वाले रोग खेसारी दाल के खाने से होता है। मध्यप्रदेश, उत्तरप्रदेश और बिहार के गरीब तबकों में यह अपंगता का रोग एक गम्भीर समस्या है।

6. **फ्लुरोसिस**–यह रोग पेयजल से फ्लोराइड्स की अधिकता के कारण होता है। यह भी एक गम्भीर समस्या है। इसमें रोगी में विकलांगता आती है और वह कार्य करने में अक्षम हो जाता है।

उक्त समस्याओं से निपटने के लिए कुपोषित बच्चों की पहचान कर इलाज करना, अंधत्व से बचाव के लिए स्कूली बच्चों को विटामिन 'ए' का घोल पिलवाना, मध्याह्न भोजन, केवल आयोडीनयुक्त नमक की बिक्री को वैध बनाना इत्यादि प्रयास देश-प्रदेश की सरकारों द्वारा किए जा रहे हैं। लेकिन जैसा कि योजनाओं के साथ आमतौर पर होता है कि वे जमीनी धरातल और आम लोग तक पर्याप्त रूप से नहीं पहुँच पातीं। यही कारण है कि अभी भी एक बहुत बड़ी आबादी कुपोषण ग्रस्त है और विटामिन 'ए' की कमी के कारण अंधत्व ग्रस्त एवं बड़ी संख्या में महिलाएँ रक्ताल्पता से ग्रस्त हैं। अतः इनके लिए सबसे बड़ी आवश्यकता सन्तुलित और पर्याप्त भोजन है। लोगों को पोषण एवं उचित आहार के बारे में शिक्षित करना भी इन समस्याओं का विकल्प बन सकता है। वैसे सरकार द्वारा जो प्रयास हुए हैं, उनमें एक सीमा तक उक्त समस्याओं में कुछ कमी तो परिलक्षित हुई ही है। लेकिन जब तक देश की पूरी आबादी शिक्षित नहीं होगी ये प्रयास अधूरे रहेंगे। एक बात और समझी जानी चाहिए कि देश की शिक्षा में स्वास्थ्य शिक्षा को शामिल करना भी जरूरी है। साथ ही हानिकारक खाद्यों एवं पेय पदार्थों एवं मिलावट पर पूर्णतः रोक आवश्यक है।

2

क्या है, हमारी पोषण आवश्यकताएँ ?

बगैर भोजन-पानी के जीवन की कल्पना नहीं की जा सकती है। शरीर से कार्य लेने एवं स्वयं शरीर की विभिन्न क्रियाएँ सम्पादित करने के लिए ऊर्जा की आवश्यकता होती है, और यह ऊर्जा हमें उचित भोज्य पदार्थों से प्राप्त होती है। भोजन न केवल शक्ति अथवा ऊर्जा के लिए जरूरी है बल्कि भोजन द्वारा शरीर वृद्धि करता है और प्रतिदिन शरीर की कोशिकाओं में जो टूट-फूट होती है उनका सुधार भी वह करता है।

वास्तव में आहार के रूप में क्या खाया जाना चाहिए और उसकी मात्रा क्या हो, इसके बारे में पर्याप्त जानकारी अधिकांश लोगों को हमारे यहाँ आज भी नहीं हैं और लोग यह भी नहीं जानते कि विभिन्न आयुवर्ग के व्यक्तियों की पोषण सम्बन्धी आवश्यकताएँ क्या हैं? आगे हम इन्हीं बातों की जानकारियाँ सम्यक् रूप में देने का प्रयास करेंगे। पोषण विज्ञान में शरीर की जरूरतों के अनुसार खाद्य पदार्थों की मात्रा निर्धारित की जाती है। हमारे जैसे कुपोषण ग्रस्त देशों के लिए पोषण विज्ञान को जानना अत्यन्त जरूरी है।

एक शारीरिक श्रम करने वाले मजदूर को कार्यालयों में बैठकर कार्य करने वाले कर्मचारियों से अधिक ऊर्जा की जरूरत होगी। अतः उसके लिए अधिक कैलोरी वाला भोजन आवश्यक है, इसी तरह एक सामान्य स्त्री की अपेक्षा गर्भवती स्त्री को भी अधिक भोजन की जरूरत होती है, क्योंकि ऊर्जा की कुछ मात्रा उसके पेट में पलने वाले बच्चे को भी चाहिए, साथ ही गर्भस्थ शिशु की वृद्धि के लिए आवश्यक खाद्य पदार्थ भी गर्भवती स्त्री को लेना आवश्यक है। यदि गर्भवती स्त्री, बालक, मजदूर इत्यादि को आवश्यकतानुसार पर्याप्त पोषक तत्त्वों युक्त ऊर्जा वाला भोजन कई दिनों तक नहीं मिलेगा तो वे बहुत से रोगों के शिकार बन जाएंगे। बच्चों के शरीर की वृद्धि रुक जाएगी अथवा धीमी हो जाएगी, उनका वजन कम हो जाएगा।

भोजन की कमी के कारण लोगों के कार्य करने की क्षमता भी घट जाएगी, वे कुपोषण ग्रस्त होकर, बीमार भी पड़ सकते हैं। इस तरह पर्याप्त भोज्य पदार्थ युक्त सन्तुलित भोजन का हमारे जीवन में महत्त्वपूर्ण स्थान है। सन्तुलित भोजन न केवल हमें

ऊर्जा देता है बल्कि हमें निरोग भी रखता है। अतः आइए हम जानें ऊर्जा अर्थात् शक्ति देने वाले भोजन और ऊर्जा की आवश्यकताओं के बारे में।

ऊर्जा और उसका माप : जैसा कि पूर्व में बतलाया गया है कि ऊर्जा द्वारा ही हमारा शरीर एवं उसके समस्त कार्य संचालित होते हैं। यह ऊर्जा या शक्ति मिलती है, ग्लूकोज (शर्करा) के आक्सीजन (प्राण वायु) से मिलकर उसके आक्सीकरण से और ग्लूकोज मिलता है हम जो भोजन करते हैं, उससे।

भोजन द्वारा प्राप्त ऊर्जा के मान को किलो कैलोरी द्वारा दर्शाया जाता है। किलो कैलोरी को प्रायः केवल कैलोरी ही लिखा जाता है। लेकिन अब अन्तर्राष्ट्रीय रूप से कैलोरी की जगह जूल का इस्तेमाल किया जाता है। फिर भी जूल शब्द इतना प्रचलित नहीं है, जितना कैलोरी। एक कैलोरी बराबर होता है 4.184 किलो जूल (के.जी.) के।

भोजन में हमें जो कार्बोहाइड्रेट्स मिलते हैं, उनसे ऊर्जा उत्पन्न होती है। लेकिन आवश्यकता पड़ने पर प्रोटीन भी कार्बोहाइड्रेट्स अथवा कार्बोज में बदलकर ऊर्जा उत्पन्न कर सकते हैं। इसी तरह वसा भी शरीर में एकत्र होने के अलावा ऊर्जा उत्पन्न करती है।

तालिका-7

पोषक तत्त्व

	कैलोरी	प्रोटीन	खनिज	पदार्थ	विटामिन							
			कैल्शियम	लोहा	ए	डी	थायमीन एसिड	रिबोफ्लेविन	नियासिन	फालिक	बी$_{12}$	सी
		ग्राम	मि.ग्रा.	माइक्रोग्राम	मि.ग्रा.	माइक्रोग्राम	मि.ग्रा.					
औसत (पुरुष)	2,800	55	450	24	750	5	1.4	1.7	19	100	1.0	40
औसत (स्त्री)	2,200	45	450	32	750	5	1.1	1.3	15	100	1.0	40
गर्भवती स्त्री (अंतिम 6 माह)	2,500	59	1000	40	750	5	1.3	1.5	17	300	1.5	40
दूध पिलाने वाली स्त्री (प्रथम 6 माह)	2,750	70	—	—	—	—	—	—	—	—	—	--
(अगले 6 माह)	2,600	45	1000	32	1200	5	1.4	1.6	18	150	1.5	80
किशोर (13-15 वर्ष)	2,660	52	650	25	750	5	1.3	1.6	18	100	0.8	40
किशोरी (13-15 वर्ष)	2,360	43	650	35	750	5	1.2	1.4	15	100	0.8	40
शिशु (1 वर्ष)	1,200	17	450	10	350	5	0.6	0.7	8	100	0.2	40
बच्चा (5 वर्ष)	1,720	29	450	22	200	5	0.9	1.0	11	100	0.5	40

तालिका-8

सन्तुलित आहार में विभिन्न खाद्यान्नों की मात्रा**

(ग्रामों में)

	औसत (पुरुष)	औसत (स्त्री)	किशोर (13-15 वर्ष)	बच्चे (5 वर्ष)
अनाज (चावल, गेहूँ आदि)	520	440*	420	270
दालें (कई किस्म की, मूँगफली, गोलागरी, तिलहन विकल्प हो सकते हैं)	50	45	45	35
हरी पत्तेदार सब्जियाँ (पालक, मेथी आदि)	40	100*	50	50
अन्य सब्जियाँ (कच्ची और पकी हुई)	70	40	50	30
जड़ें और कन्द (आलू, शकरकन्द कचालू, टेपियोका)	60	50	30	20
दूध	200	150*	250	250
चर्बी व तेल (मूँगफली या अन्य तेल, वनस्पति घी)	45	25	40	25
शक्कर और गुड़	35	20*	45	40

एक ग्राम प्रोटीन से 4 कैलोरी ऊर्जा उपलब्ध होती है और एक ग्राम कार्बोज से भी 4 कैलोरी ऊर्जा उत्पन्न होती है। लेकिन वसा की एक ग्राम मात्रा से 9 कैलोरी ऊर्जा प्राप्त होती है।

महिलाओं एवं पुरुषों में ऊर्जा की खपत का आकलन

भारतीय सन्दर्भ में ऊर्जा की खपत का आकलन ऐसी औसत महिला को ध्यान में रखकर करते हैं जिसकी आयु 20 वर्ष तथा 39 वर्ष के मध्य हो, वजन 50 किलो के आसपास हो एवं स्वस्थ हो। इसके अलावा वह सामान्यतः 8 घंटे घर-गृहस्थी के कार्य अथवा अन्य कार्य करती हो एवं 8 घंटे सोने में और 4-6 घंटे बैठने, भोजन एवं दैनिक क्रियाओं में खर्च करती हो एवं दो घंटे मनोरंजन, वार्तालाप इत्यादि में लगाती हो।

इसी तरह अपने देश के सन्दर्भ में पुरुष के लिए ऊर्जा की खपत का आकलन ऐसे पुरुष को ध्यान में रखकर किया गया है, जिसकी उम्र 20 से 39 वर्ष के मध्य

* इन खाद्यान्नों की गर्भावस्था में पहले से अधिक और स्तनपान के दिनों में उससे भी अधिक आवश्यकता होती है।

** मांसाहारी दाल की आधी मात्रा के स्थान पर एक अंडा या 30 ग्राम मांस या मछली, 5 ग्राम अतिरिक्त तेल के साथ ले सकते हैं। वे तमाम दालों के स्थान पर 2 अंडे या 50 ग्राम मांस या मछली या एक अंडा और 30 ग्राम मांस या मछली 10 ग्राम अतिरिक्त तेल के साथ ले सकते हैं।

एवं वजन 60 किलो के आसपास हो, वह रोगमुक्त एवं सक्रिय हो। वह अपनी दिनचर्या के 8 घंटे व्यावसायिक गतिविधियों या सामान्य परिश्रम में लगाता हो तथा 8 घंटे सोने में 4 से 6 घंटे बैठने और दैनिक कार्य-कलापों में खर्च करता हो। इसके साथ ही दो घंटे मनोरंजन, वार्तालाप इत्यादि में खर्च करता हो।

कौन से कार्य के लिए, कितनी ऊर्जा चाहिए

मनुष्य को जीवन संचालित करने के लिए इतनी ऊर्जा जरूरी है, जो खपत के बाद शरीर में मोटापा या हृदय रोग पैदा न करें तथा सामान्य क्रियाशीलता को बनाए।

शरीर की अतिरिक्त ऊर्जा वसा के रूप में भंडारित हो जाती है। अब यदि बार-बार भोजन के रूप में अतिरिक्त कैलोरी ली जाती है तो ऊर्जा का संग्रहण अधिक मात्रा में, वसा के रूप में हो जाता है जिससे शरीर स्थूल बन जाता है। अतः ऊर्जा की खपत और संग्रहण में सन्तुलन आवश्यक है, वरना कुपोषण अथवा मोटापा आ सकता है–

प्रमुख रूप से शरीर को तीन प्रकार से ऊर्जा की जरूरत होती हैः–

1. शरीर के स्वयं के कार्यों, अर्थात् आधारभूत चपापचय (Basal Metabolic Rate-BMR) के लिए आवश्यक ऊर्जा–यह वयस्क व्यक्ति में कैलोरी प्रति घंटा, प्रति किलोग्राम शारीरिक वजन के हिसाब से होती है।
2. शरीर के प्रतिदिन के कार्यों जैसे–सीढ़ियाँ चढ़ना, चलना, उठना, बैठना, स्नान करना, तैयार होना इत्यादि।
3. व्यावसायिक कार्यों में खर्च होने वाली ऊर्जा। यह प्रायः दो प्रकार की हो सकती है–
   1. मध्यम कार्यों में जैसे–ऑफिस में लिपिक का कार्य; और
   2. भारी या कठोर शारीरिक श्रम जैसे–इमारतों के लिए ईंट-गारा ढोना, पत्थर तोड़ना, लकड़ी काटना इत्यादि।

ऊपर बतलाए तीन प्रकार के कार्यों में पहले दो तरह के कार्य तो प्रायः प्रत्येक व्यक्ति में लगभग समान ही होते हैं। केवल जीवनोपार्जन के लिए व्यावसायिक कार्य भिन्न-भिन्न प्रकार के होते हैं। जिनमें ऊर्जा का व्यय और जरूरत भी अलग-अलग मात्रा में होती है।

व्यक्तियों में ऊर्जा की आवश्यकताओं में अन्तर, शारीरिक गठन, आयु, लिंग एवं अन्य परिस्थितियों के कारण भी होता है। विभिन्न देशों में ऊर्जा के मानक भी अलग-अलग निर्धारित किए गए हैं। भारत में भारतीय चिकित्सा अनुसंधान परिषद् द्वारा भी मानक निश्चित किए गए हैं। लेकिन समय-समय पर नई खोजों और जानकारियों के आधार पर परिषद् नई सिफारिशें भी देती है।

तालिका-9

विभिन्न आयु वर्ग के लिए अनुशंसित ऊर्जा की आवश्यकताएँ

वर्ग	शरीर का वजन (किलोग्राम में)	ऊर्जा की जरूरत (किलो कैलोरी में)
शिशु		
0-6 महीने	-	118 किलो कैलोरी/किलो/दिन
7-12 महीने	-	108 किलो कैलोरी/किलो/दिन
बच्चे		
1-3 वर्ष	12.0	1200 ,, ,, ,,
4-6 वर्ष	19.0	1700 ,, ,, ,,
7-9 वर्ष	27.0	1950 ,, ,, ,,
किशोर		
10-12 वर्ष	35.0	लड़का -2150 ,, ,,
	32.0	लड़की - 1950 ,, ,,
13-15 वर्ष	48.0	लड़का - 2450 ,, ,,
	46.5	लड़की - 2050 ,, ,,
15-18 वर्ष	57.0	लड़का - 2600 ,, ,,
	50.0	लड़की - 2050 ,, ,,
वयस्क		
पुरुष	60.0	2425 (हल्का कार्य) ,,
		2875 (मध्यम) ,,
		3800 (भारी कार्य) ,,
महिला	50.0	1875 (हल्का कार्य) ,,
		2225 (मध्यम) ,,
		2925 (भारी कार्य) ,,
		गर्भवती + 300 ,,
		दूध पिलाने वाली स्त्री + 500

ऊर्जा के मामले में जोखिम वाले वर्ग

कुछ वर्गों के व्यक्तियों को अधिक ऊर्जा की विशेष आवश्यकता होती है और यदि इन्हें यह तत्त्व पोषक तत्त्वों द्वारा अपने भोजन से प्राप्त न हो तो उन्हें कई तरह के रोग हो जाते हैं। अतः इन्हें जोखिम वाले वर्ग कहते हैं। ये वर्ग निम्न है–

1. **गर्भवती एवं स्तनपान कराने वाली औरतें**–गर्भवती स्त्री को सामान्य की अपेक्षा लगभग 300 कैलोरी ऊर्जा की अधिक मात्रा की जरूरत होती है तथा दूध पिलाने वाली स्त्रियों को 550 कैलोरी अतिरिक्त ऊर्जा की आवश्यकता होती है। इसलिए उन्हें अतिरिंक्त मात्रा में पौष्टिक आहार लेने की सलाह दी जाती है।
2. **बच्चे**–बच्चों को उनकी तेज वृद्धि दर के कारण अधिक कैलोरी वाले भोजन की जरूरत होती है। यहाँ तक कि 13 वर्ष या इससे अधिक की आयु वाले बच्चे को पूर्ण वयस्क पुरुष के बराबर पौष्टिक भोजन की आवश्यकता होती है। इन बच्चों में चपापचय की दर बढ़ जाती है और उनकी शारीरिक क्रियाएँ भी अधिक गतिशील रहती हैं। लेकिन यह देखा गया है कि पर्याप्त पौष्टिक आहार न मिलने के कारण अधिकतर बच्चे कुपोषित बन जाते हैं। जबकि बढ़ी उम्र के वयस्कों में प्रति दस वर्षों में चपापचय की दर लगभग 2% कम हो जाने से उनकी पोषण आवश्यकता कुछ कम होती जाती है। वैसे प्रत्येक व्यक्ति विशेष में पोषण आवश्यकताएँ भी कुछ-कुछ भिन्न पाई जाती हैं। इनमें आयु, लिंग, कद-काठी इत्यादि का महत्त्व भी होता है।

अब हम सन्तुलित भोजन के विभिन्न घटकों की आवश्यकताओं पर अलग-अलग चर्चा करेंगे–

1. **कार्बोहाइड्रेट्स अथवा कार्बोज**–सन्तुलित भोजन में कुल ऊर्जा का 50 से 70 प्रतिशत इस रूप में लेना चाहिए। लेकिन हमारे यहाँ 90% तक कार्बोहाइड्रेट्स लेने का प्रचलन अथवा विवशता कई क्षेत्रों, विशेषकर ग्रामीण आबादी में है। जिसके कारण भोजन असन्तुलित हो जाता है और लोग विशेषकर बच्चे प्रोटीन की कमी के कारण कुपोषण के शिकार बन जाते हैं। अतः कार्बोहाइड्रेट्स आवश्यक तो है ही लेकिन उनके साथ अन्य भोज्य पदार्थ जैसे प्रोटीन, वसा भी लेना जरूरी है।
2. **प्रोटीन**–विभिन्न परिस्थितियों जैसे उम्र, लिंग, रोग की स्थितियों जैसे कृमि रोग, चिन्ता, तनाव इत्यादि में उसकी आवश्यकताएँ बदलती रहती हैं। कुल ऊर्जा का 15 से 20 प्रतिशत हिस्सा प्रोटीन्स के रूप में लेना उचित होता है।

भारतीय चिकित्सा एवं अनुसन्धान परिषद् ने कुल प्रोटीन खपत का औसत 65 मानते हुए वयस्क स्त्री एवं पुरुष के लिए वजन के हिसाब से प्रतिकिलो ग्राम, एक ग्राम प्रोटीन, प्रतिदिन लेने की सलाह दी है।

तालिका-10

प्रोटीन की आवश्यक मात्रा

वर्ग	कार्य का प्रकार	ग्राम/प्रतिदिन
पुरुष (60 कि.ग्रा.)	मध्यम कार्य	60.0
	भारी कार्य	65.00
स्त्री (50 कि.ग्रा.)	मध्यम कार्य	50.0
	भारी कार्य	55.00
	गर्भावस्था	65.0
	स्तनपान के वक्त	75.0
शिशु	0-3 महीने	2.3 ग्राम
	3-6 महीने	1.8 ग्राम
	9-12 महीने	1.5 ग्राम
बालक	1-3 वर्ष	22.0 ग्राम
	4-6 वर्ष	30.0 ग्राम
	7-9 वर्ष	40.0 ग्राम
किशोर पुरुष	13-15 वर्ष	70.0 ग्राम
महिला	13-15 वर्ष	65.0 ग्राम

विशेष जोखिम वाले वर्गों की प्रोटीन की आवश्यकताएँ

महिलाओं में गर्भावस्था के वक्त प्रोटीन की आवश्यकता 15 ग्राम प्रतिदिन अतिरिक्त रूप से हो जाती है, और स्तन्यकाल (वह समय जब माँ बच्चे को दूध पिलाती है) में यह आवश्यकता 25 ग्राम प्रतिदिन अतिरिक्त हो जाती है।

अभी यह तथ्य प्रमाणित नहीं है कि आवश्यकता से अधिक मात्रा में प्रोटीन लेना लाभप्रद होता है या नहीं। अतः प्रोटीन की मात्रा यथोचित ही लेना ठीक है।

1. अमीनो एसिड्स–ये शरीर निर्माण के लिए अत्यन्त जरूरी है जो हमें उच्च गुणवत्ता वाले प्रोटीन युक्त आहार, जैसे–दूध, मांस, अंडा एवं सोयाबीन से मिल जाते हैं। कुछ अमीनो एसिड्स दालों, मूंगफली, इत्यादि में भी होते हैं। अब तक आठ प्रकार के अमीनो एसिड्स का पता चला है।

2. वसा–सच बात तो यह है कि अभी तक चिकित्सा विज्ञानी यह पूर्ण रूप से तय नहीं कर पाए हैं कि व्यक्ति को भोजन में वसा की कितनी मात्रा लेनी चाहिए। शिशुओं (1 वर्ष से कम उम्र के बच्चे) में कुल दैनिक ऊर्जा की आवश्यकता का 50 प्रतिशत वसा से प्राप्त होता है। जो घटते-घटते बड़ों में 20 प्रतिशत तक रह जाता है।

भारतीय चिकित्सा अनुसन्धान परिषद् की सिफारिशों के अनुसार कुल ऊर्जा-खपत

का 20 प्रतिशत वसा से प्राप्त होना चाहिए। इसमें 50 प्रतिशत वनस्पति तेलों, जैसे मूंगफली, सोया, सूर्यमुखी, सरसों के तेलों इत्यादि से लिया जाना चाहिए क्योंकि इनमें शरीर के लिए जरूरी अम्ल होते हैं।

3. कुछ अन्य महत्त्वपूर्ण विटामिन्स एवं खनिज लवण—वसा में घुलनशील विटामिन्स 'ए' और 'डी' तथा 'ई' शामिल हैं। इसी तरह जल में घुलनशील थायमिन विटामिन, रिबोफ्लेविन तथा नियासिन जो बी-कॉम्प्लेक्स समूह के प्रमुख हैं।

खनिज पदार्थ जैसे कैल्शियम, फास्फोरस, लोहा, आयोडीन, जिंक, मैग्नीशियम, इत्यादि भी जरूरी होते हैं, जिनकी विभिन्न शारीरिक क्रियाओं में अहम भूमिका होती है।

एक वयस्क के सन्तुलित भोजन में क्या हो ?

सन्तुलित आहार वह है जिसको लेने से हमें पर्याप्त ऊर्जा (कैलोरीज) और प्रोटीन, वसा और कार्बोज की यथोचित मात्रा मिले तथा आवश्यक खनिज एवं विटामिन्स भी प्राप्त हों ताकि शरीर स्वस्थ और चुस्त-दुरुस्त बना रहे।

तालिका-11

औसत भारतीय पुरुष के दैनिक आहार

1.	अनाज	- 400 ग्राम
2.	दालें	- 55-70 ग्राम
3.	वसा	- 30 ग्राम
4.	दूध	- 250 ग्राम
5.	हरी सब्जियाँ एवं पत्तेदार भाजी	- 150 ग्राम
6.	अन्य सब्जी (कन्द)	- 75 ग्राम
7.	फल	- 75 ग्राम
8.	मीठा (गुड़/शक्कर)	- 30 ग्राम
9.	अंडा या मांस (मांसाहारी के लिए)	- 50 ग्राम

3

विभिन्न भोज्य पदार्थ और उनकी उपयोगिता

भोजन का हमारे स्वास्थ्य से गहरा सम्बन्ध है। कहा भी गया है जैसा अन्न वैसा मन। भोजन हमें सक्रिय रहने के लिए ऊर्जा प्रदान तो करता ही है साथ ही विभिन्न संक्रमणों और रोगों से प्रतिरोधक क्षमता भी बढ़ाता है। कुपोषण की स्थिति में क्षयरोग या टी.बी. जैसे संक्रमण इसलिए अधिक होते हैं। कम आय वर्ग के गरीब लोग उचित भोजन की व्यवस्था नहीं कर पाते। इसलिए उन्हें क्षयरोग अधिक होता है। यह देखा गया है कि जिस वर्ग और क्षेत्र विशेष में कुपोषण की दर अधिक होती है वहाँ मृत्यु दर भी अधिक है। अतः इन तथ्यों से अच्छे, सन्तुलित और पर्याप्त भोजन का महत्त्व स्वयं ही सिद्ध हो जाता है।

आइए देखें कि हमारे देश में कौन-कौन से खाद्य अथवा भोज्य पदार्थ उपलब्ध हैं, और उनका पोषण मान एवं हमारे लिए उपयोगिता किस तरह से है।

हम जो भोजन करते हैं उसके प्रमुख रूप से तीन कार्य होते हैं—पहला शक्ति या ऊर्जा उत्पन्न करना, दूसरा शरीर की वृद्धि और क्षतिग्रस्त कोशिकाओं का सुधार कार्य और तीसरा स्वयं शरीर की क्रियाओं को जारी रखना। इन्हीं कार्यों के अनुसार हम विभिन्न भोज्य या खाद्य पदार्थों को तीन वर्गों में बाँट सकते हैं—

1. **शरीर में ऊर्जा या शक्ति उत्पन्न करने वाले खाद्य**—इन आहारों में कार्बोहाइड्रेट्स प्रमुख रूप से मौजूद होते हैं और कुछ में वसा अधिक होती है। उदाहरणार्थ—चावल, आलू, गुड़, शक्कर, गेहूँ, मक्का, ज्वार, घी, तेल इत्यादि।
2. **शरीर की वृद्धि अथवा गठन करने वाले आहार**—कोशिकाओं की बढ़ोतरी और उनकी टूट-फूट को सुधारने के लिए प्रोटीन जरूरी होता है। अतएव ऐसे खाद्यों में प्रोटीन की मात्रा अधिक होती है। उदाहरणार्थ—दूध, अंडे, मांस, मछली, सोयाबीन एवं अन्य दालें, मेवे जैसे—काजू, बादाम, पिस्ता एवं मूँगफली इत्यादि।
3. **महत्त्वपूर्ण शारीरिक क्रियाओं एवं शरीर की रोगों से सुरक्षा के लिए विभिन्न खाद्य**—इसमें कई प्रकार के विटामिन, खनिज लवण इत्यादि शामिल हैं। इस तरह के भोज्य पदार्थ हमें हरी पत्तेदार भाजियों एवं अन्य सब्जियों, फलों, दूध, मछली

के तेल इत्यादि से मिलते हैं। जैसा कि हमें विदित है कि भोजन से हम प्रमुख रूप से छह घटक प्रोटीन, कार्बोज, वसा, विटामिन, खनिज और जल प्राप्त करते हैं। ये सभी सन्तुलित भोजन के आवश्यक अंग हैं। अब इनको किन-किन खाद्यों से प्राप्त करते हैं, यह देखेंगे।

पोषक तत्त्वों के आधार पर विभिन्न खाद्य पदार्थों को निम्न दस भागों में वर्गीकृत किया गया है–

1. **अनाज**–गेहूँ, मक्का, ज्वार और चावल इत्यादि।
2. **दालें और गिरी**–सोयाबीन, अरहर, मूंग, उड़द, मसूर दाल इत्यादि।
3. **साग-सब्जियाँ**–लोकी, तुरई, भिंडी, परवल, गोभी और आलू इत्यादि।
4. **फल**–पपीता, आम, चीकू, सन्तरा, नाशपाती, अमरूद, और केले इत्यादि।
5. **दूध**–दूध और दूध से बने पदार्थ।
6. **घी-तेल**–वसा एवं विभिन्न वनस्पतिक तेल।
7. **शक्कर और गुड़**–मीठा पदार्थ।
8. **मसाला**–विभिन्न मसाले।
9. **विभिन्न पेय पदार्थ**–मादक पेय, साधारण या अमादक पेय, मृदु पेय।
10. **मांसाहारी भोजन**–मांस, मछली, अंडे।

अब हम प्रमुख खाद्यों की क्रमशः चर्चा करेंगे और समझेंगे कि किस प्रकार के खाद्य से हमें क्या-क्या प्राप्त होता है–

अनाज

गेहूँ–गेहूँ हमारे यहाँ का प्रमुख अन्न है। गेहूँ में कार्बोज 71.2% एवं प्रोटीन 11.8% होता है। वसा का हिस्सा 1.5% होता है। इसके अलावा गेहूँ में विटामिन बी-समूह के कुछ विटामिन जैसे–थायमिन, रिनोफ्लेविन एवं नियासिन होते हैं। इसके साथ ही कुछ खनिज पदार्थ भी रहते हैं।

इस तरह हम देखते हैं कि गेहूँ हमारी भोजन सम्बन्धी बहुत-सी जरूरतें पूरी कर देता है। एक बात ध्यान रखना चाहिए कि गेहूँ को बगैर चोकर या छिलका निकाले उपयोग करें। क्योंकि बहुत से विटामिन इत्यादि इसके छिलके में ही मौजूद रहते हैं। मैदा और सूजी भी गेहूँ से बनते हैं लेकिन ये उतने फायदेमन्द नहीं होते।

चावल–चावल का भी बाहरी खोल अत्यन्त उपयोगी होता है। अतः चावल को बगैर मांड निकाले उपयोग करने की सलाह दी जाती है। चावल कई तरह का होता है जैसे–मिल का कुटा हुआ सफेद चावल अथवा हाथ का कुटा चावल। जहाँ तक हो सके सफेद पालिश किया हुआ चावल उपयोग न करें। क्योंकि मिल की कुटाई में इसके ऊपरी सतह पर स्थित अधिकतर उपयोगी विटामिन और वसा एवं खनिज निकल जाते हैं। यदि धान की कुटाई कम हुई हो तो विटामिन अधिक नहीं निकलते लेकिन अधिक कुटाई से ये बहुत अधिक मात्रा में निकल जाते हैं। आन्ध्र के समुद्री किनारों

के लोगों में पालिश वाले चावल के कारण ही बेरी-बेरी नामक रोग पाया जाता है। जबकि हाथ की कुटाई द्वारा जो चावल उपलब्ध होता है उसमें विटामिनों, खनिजों, प्रोटीन एवं वसा की कम हानि होती है। अतः आहार विशेषज्ञ हाथ के कुटे चावल के उपयोग की सलाह देते हैं। साथ ही उसे पकाते वक्त माँड़ को अलग न करने की सलाह भी दी जाती है।

सर्वाधिक प्रयोग किया जाने वाला अनाज गेहूँ एवं चावल

मैदा से तैयार डबलरोटी, इसमें कार्बोहाइड्रेट होता है

चावल का उसनना–पोषक तत्त्वों को सुरक्षित रखकर चावलों को कूटने वाली यह प्राचीन पद्धति है। इसमें धान को 70 से 75°C गर्म पानी में भिगोकर रखते हैं फिर सुखाने के पश्चात् उसे मिल में अथवा हाथों से कूटते हैं। इस प्रकार का चावल भुजिया चावल या उसना कहलाता है।

उसने से चावल के बाहरी भाग के विटामिन एवं खनिज अन्दर वाले भाग में अवशोषित हो जाते हैं। इस कारण कूटने की प्रक्रिया में इन पोषक तत्त्वों की हानि कम मात्रा में होती है। यही कारण है कि भुजिया या उसना चावल में विटामिन बी-12 एवं निकोटिनिक अम्ल की मात्रा पर्याप्त रहती है। लेकिन स्वाद अच्छा न होने के कारण इस चावल को बहुत से लोग पसन्द नहीं करते जबकि यह चावल शरीर के लिए फायदेमन्द होता है और इससे बेरी-बेरी बीमारी का खतरा भी नहीं होता।

ज्वार बाजरा–मक्का, ज्वार, बाजरा और रागी को मिलेट कहते हैं। ये देश के अलग-अलग भागों में प्रमुख रूप से उपयोग में लाए जाते हैं। जहाँ गेहूँ उपलब्ध नहीं होता वहाँ इनका उपयोग किया जाता है। गेहूँ की तरह 'मिलेट' में भी कार्बोज की मात्रा अधिक होती है। साथ ही 'रागी' एवं अन्य मिलेट में कैल्शियम की मात्रा भी अच्छी होती है।

दालें और गिरी

हमारे यहाँ विभिन्न दालों का बहुत महत्त्व है। आम लोगों और गरीबों को अधिकतर प्रोटीन इन्हीं से उपलब्ध होता है। इन्हें गरीब आदमी का मांस कहा जाता है। प्रमुख दालें हैं–अरहर, मूंग, उड़द, मसूर, चना, सोयाबीन इत्यादि।

विभिन्न दालें

मूंग (छिलका सहित) **उड़द (छिलका सहित)**

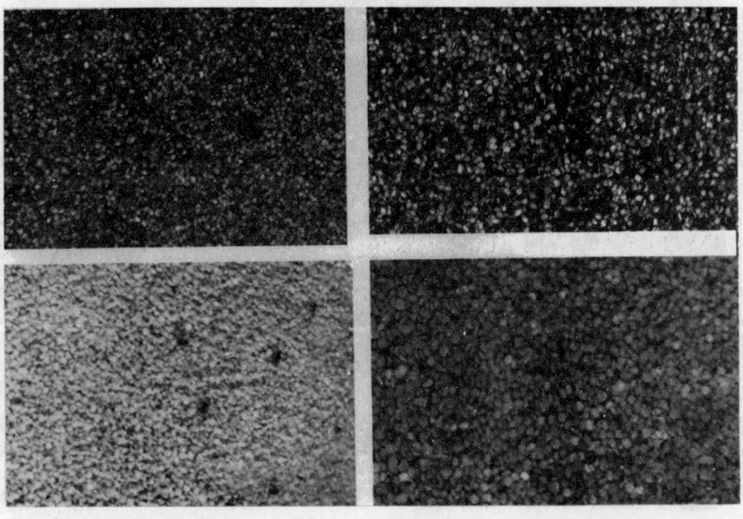

मूंग (छिलका-रहित) **अरहर की दाल**

दालों में विटामिन 'बी' वर्ग के भी विटामिन एवं खनिज पाए जाते हैं। अंकुरित दालों में विटामिन 'सी' भी पाया जाता है।

सोयाबीन–अब हमारे यहाँ 'सोयाबीन' भी बहुतायत से पैदा होने लगा है। इसमें 40% से अधिक प्रोटीन होता है जो मांस या अंडे तक में नहीं होता। सोयाबीन का प्रोटीन उच्च कोटि का होता है। इसमें वसा भी अच्छी मात्रा में होती है। लेकिन गाँवों में सोयाबीन का उपयोग उतना नहीं होता जितना होना चाहिए। सोयाबीन से सोयामितक अर्थात् दूध भी बनाया जाता है। अतः कुपोषण से बचने के लिए इसके प्रयोग को बढ़ावा देना चाहिए।

दालों में सर्वाधिक प्रोटीनयुक्त सोयाबीन (इसमें वसा भी होती है)

प्रोटीन एवं वसा युक्त खाद्य (प्रोटीन बहुल चना)

मूँगफली–देश में मूँगफली खूब पैदा होती है और इसे विभिन्न तरह से उपयोग भी किया जाता है। इसमें वसा और प्रोटीन अच्छी मात्रा में पाया जाता है। साथ ही निकोटिनिक अम्ल, थॉयमिन और राइबोफ्लेविन नामक विटामिन भी अच्छी मात्रा में मौजूद होते हैं। अपेक्षाकृत सस्ती होने से इसे गरीबों का मेवा कहा जाता है। मूँगफली के बीजों से तेल निकाला जाता है जो खाद्यों या व्यंजनों को बनाने में काम आता है। साथ में मूँगफली को गुड़ के साथ मिलाकर पट्टी एवं कई अन्य तरह के व्यंजन बनाए जाते हैं। मूँगफली से वनस्पति दूध भी तैयार होता है। अन्य मेवे जैसे–काजू, पिस्ता, बादाम में भी अच्छी मात्रा में प्रोटीन और वसा होती है।

प्रोटीन एवं वसायुक्त मूँगफली (गरीबों का मेवा)

खेसारी दाल या तेवरा दाल–यह दाल मध्यप्रदेश, उत्तरप्रदेश और बिहार के कुछ भागों में पैदा की जाती है। सस्ती होने से इसे गरीब तबका इस्तेमाल करता है। बड़े किसान मजदूरी के बदले में भी इसे देते हैं। लेकिन यह 'दाल' जहरीली होती है। लम्बे समय तक इसको खाने से दोनों पैरों में लकवा मार जाता है। जिसका कारण होता है खेसारी दाल में मौजूद एक विषैला तत्त्व (BOAA)। अतः इस दाल की बिक्री पर प्रतिबन्ध है। इससे होने वाले लकवा के रोग को लेथिरिज़्म (Lathyrism) कहते हैं। इसका सन्तोषजनक इलाज भी नहीं है। अतः इस दाल का उपयोग बन्द होना चाहिए।

साग-सब्जियाँ

साग-भाजी से हमें बहुमूल्य पोषक तत्त्व प्राप्त होते हैं। ये विटामिन और खनिजों से भरपूर होती हैं। इन्हें तीन वर्गों में विभाजित किया गया है–

(1) हरी पत्तेदार सब्जियाँ (2) कन्दमूल (3) अन्य साग-सब्जियाँ।

1. हरी पत्तेदार सब्जियाँ–ये कई प्रकार की होती हैं जैसे–पालक, मेथी, चौलाई, बथुआ इत्यादि। इन्हें सुरक्षा प्रदान करने वाले आहार में शामिल किया गया है। इनका मूल्य कम है लेकिन मानव के पोषण की दृष्टि से अमूल्य है। इनमें केरोटिन के अलावा विटामिन 'बी' समूह और खनिजों की अच्छी मात्रा पाई जाती है। इनमें फाइबर अथवा रेशों की मात्रा भी होती है जो आँतों के लिए रुक्षांश का कार्य करती है। इससे कब्ज नहीं होता। साथ ही कम कैलोरी होने से ये मधुमेह ग्रस्त रोगियों और मोटे व्यक्तियों के लिए भी उपयोगी होती है। विटामिन और खनिज प्राप्ति के लिए बच्चे और स्त्रियाँ भी इनका खूब उपयोग कर सकती हैं। इनको 80 से 100 ग्राम तक लिया जा सकता है।

खनिज एवं विटामिन के स्रोत

गोभी, खीरा, नीबू, धनिया, हरी मिर्च (इन्हें सलाद बनाकर भी खा सकते हैं)

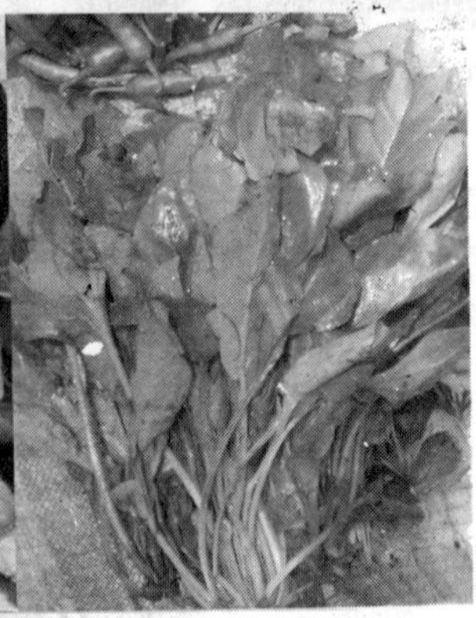

हरी पत्तेदार, सब्जियाँ (ये विटामिनों और खनिजों से भरपूर होती हैं)

2. कन्दमूल–सागों के इस समूह में जमीन में उत्पन्न होने वाली सब्जियाँ जैसे–आलू, शकरकन्द, गाजर, टोपियोका प्याज इत्यादि आते हैं। आलू तथा टोपियोका में स्टार्च अधिक होता है। जबकि गाजर में विटामिन 'ई' के साथ कैरोटिन भी पाया जाता है। कन्दमूल, कैल्शियम और पोटेशियम के भी अच्छे स्रोत हैं। इन्हें रोज 75 ग्राम तक लिया जा सकता है। गाजर का रस निकालकर भी सेवन किया जाता है।

3. अन्य साग-सब्जियाँ–ऊपर बतलाई सब्जियों के अलावा अन्य साग- सब्जियाँ जैसे–टमाटर, गोभी, कटहल इत्यादि इस समूह के अन्तर्गत आती हैं। ये सभी विटामिनों एवं खनिजों की स्रोत हैं। इनको 75 ग्राम प्रतिदिन तक खाया जा सकता है। कुछ को सलाद के रूप में भी खाया जाता है। जैसे–पत्ता गोभी, टमाटर, खीरा या ककड़ी इत्यादि। कच्चे सलाद में भी विटामिन एवं खनिज भरपूर मात्रा में पाया जाता है।

अतः विशेषज्ञ इन्हें भी खाने की सलाह देते हैं। लेकिन सब्जियों के उपयोग में कुछ सावधानियाँ भी रखें। जैसे इन्हें बनाने के पूर्व खूब धोएँ। काटने के पश्चात न धोएँ। साथ ही इनसे निकला पानी फैकें नहीं। उसमें बहुमूल्य विटामिन और खनिज होते है। उन्हें खूब तलें भी नहीं।

चार वर्गों में आने वाले विभिन्न खाद्य

वर्ग 1 : अनाज, जड़ें तथा कंद

(ये ऊर्जा अथवा कैलोरियाँ प्रदान करते हैं)

चावल, गेहूँ, ज्वार, बाजरा, मडुवा तथा अन्य टेपियोका, आलू, शकरकंद, कचालू, अरबी इत्यादि।

वर्ग 2 : प्रोटीन प्रदान करने वाले भोजन

(इस वर्ग के भोजन मूलतः प्रोटीन के स्रोत हैं, भले ही अनाज से भी प्रोटीन प्राप्त होते हैं)

दालें, चने, मटर, फलियाँ

मूँगफली, तिल, अखरोट, बादाम, नारियल

दूध, दही, पनीर, खोया

अंडे, मछली, मांस, मुर्गा।

वर्ग 3 : चर्बी/तेल, शक्कर/गुड़

(ये सभी खाद्यान्न ऊर्जा और कैलोरियाँ प्रदान करते हैं और इनसे खाना भी स्वादिष्ट बनता है)

सब्जियाँ पकाने वाले तेल, वनस्पति, शुद्ध घी, मक्खन

शक्कर, गुड़

वर्ग 4 : सुरक्षात्मक सब्जियाँ और फल

(ये विटामिन तथा खनिज पदार्थों के स्रोत हैं, यथासम्भव इन्हें कच्चा भी खाएँ)

प्रथम श्रेणी : हरी पत्तेदार सब्जियाँ (पालक, अन्य साग, अरबी की पत्तियाँ, कोथमीर, पुदीना, सैंजने की पत्तियाँ, सरसों, धनिया, मेथी)

द्वितीय श्रेणी : पीले अथवा सन्तरी फल और सब्जियाँ (पपीता, आम, पीली लौकी, गाजर)

तृतीय श्रेणी : विटामिन सी से परिपूर्ण फल और सब्जियाँ (आंवला, अमरूद, प्याज, नीबू, सन्तरा, मौसम्मी, टमाटर, सैंजना, बन्दगोभी, गाँठगोभी, बेर अथवा फालसे)।

फल

फलों को भी पौष्टिक आहार माना गया है। मौसमी फल मानव स्वास्थ्य के लिए गुणकारी होते हैं। सेब, अमरूद, केला, चीकू, नाशपाती, आम जैसे फलों को कच्चा खाया जाता है। मौसम्मी, अनार जैसे फलों का रस भी निकालकर सेवन किया जाता है।

अमरूद जैसे फलों में विटामिन "सी" खूब होता है। सीताफल जैसे फलों में कैल्शियम खूब पाया जाता है।

फलों को प्रतिदिन 80 से 100 ग्राम तक खा सकते हैं। इनका रस या जूस का प्रयोग भी 200 ग्राम तक कर सकते हैं।

दूध

दूध को सर्वोत्तम आहार माना गया है। इसका कारण यह है कि दूध में से प्रायः शरीर के लिए आवश्यक प्रोटीन, कार्बोहाइड्रेट्स, वसा, विटामिन और खनिज उपलब्ध हो जाते हैं। 4-6 माह तक शिशु के लिए दूध सम्पूर्ण आहार होता है। दूध में उच्च दर्जे के प्रोटीन (एमिनो एसिड्स) भी होते हैं जो शरीर की वृद्धि और सुरक्षा के लिए आवश्यक हैं। साथ ही कैल्शियम जैसे खनिज भी पाए जाते हैं। बच्चे के जन्म के बाद 'माँ' का दूध अमृत जैसा होता है। माँ के दूध से न केवल उसका पोषण होता है बल्कि माँ के दूध में उपस्थित प्रतिजन (Antibodies) उसे रोगों से लड़ने की शक्ति प्रदान करते हैं। तभी कहा गया है कि शिशु के लिए माँ के दूध सदृश दुनिया का कोई खाद्य नहीं है। अतः इसे शिशुओं को प्रकृति और माँ की अनुपम देन कहा गया है।

दूध के पोषक तत्त्व–दूध में विशेष और बहुत ही उपयोगी प्रोटीन, लेक्टेल्बुमिन (Lactalbumin) और केसीन (Casein) होते हैं। शिशु के पैदा होने के पश्चात् शुरू के कुछ दिनों तक माँ का दूध कोलेस्ट्रम (Colastrum) के रूप में निकलता है जिसमें रोग प्रतिरोधक क्षमता बढ़ाने वाले प्रोटीन्स होते हैं।

दूध की दुग्ध वसा में विटामिन 'ए' और 'डी' भी पाया जाता है। इसके अलावा दुग्ध शर्करा (Lactose) भी होती है जिससे कार्बोज प्राप्त होता है। दूध में कैल्शियम पर्याप्त मात्रा में पाया जाता है लेकिन लोहा जरूर कुछ कम मात्रा में पाया जाता है। दूध में 'ए' और 'डी' के साथ प्रायः सभी विटामिन होते हैं। केवल विटामिन 'सी' की मात्रा न्यून होती है।

पोषण विशेषज्ञों के अनुसार दूध को अपने आहार में शामिल करने से सन्तुलित भोजन के प्रायः सभी घटकों की पूर्ति हो जाती है। शाकाहारियों को प्रतिदिन दो सौ मिली लीटर से तीन सौ मिली लीटर दूध लेना चाहिए। जबकि मांसाहारी 100-150 ग्राम दूध लें तो पर्याप्त होगा।

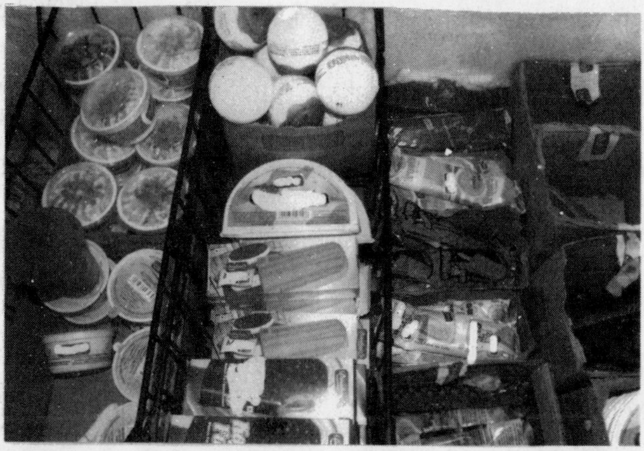

विभिन्न प्रकार की आइसक्रीम

डिब्बा बंद खाद्य (दूध, घी, मिठाई)

विभिन्न प्रकार के दुग्ध उत्पाद–प्राचीनकाल से ही दूध एवं उसके उत्पादों का प्रयोग हमारे देश में होता रहा है। सही मायनों में दूध का विकल्प आज भी नहीं है। लोग दूध को विभिन्न रूपों में बदलकर आवश्यकतानुसार उनका उपयोग करते हैं। इनको दुग्ध उत्पाद कहा जाता है।

प्रमुख रूप से आठ प्रकार के दुग्ध उत्पाद हैं। जिनका संक्षिप्त वर्णन निम्न है–

1. मक्खन–यह बहुतायत से इस्तेमाल होने वाला वसा युक्त आहार है। मक्खन में 82 प्रतिशत दुग्ध वसा एवं कुछ मात्रा में प्रोटीन और शेष पानी की मात्रा होती है। यह विटामिन 'ए' और 'डी' का अच्छा स्रोत है। इसे सुरक्षित रखने के लिए फ्रिज या ठंडे स्थान में रखते हैं।

2. घी–इसमें सौ प्रतिशत दुग्ध वसा होती है तथा 100 ग्राम घी में 1000 से 2000 यूनिट तक विटामिन 'ए' तथा कुछ मात्रा में विटामिन 'डी' होता है। भारत में मक्खन की बजाय घी का उपयोग अधिक किया जाता है। घी को कई दिनों तक आसानी से सुरक्षित रखा जा सकता है।

3. दही–भारतीय घरों में दही का भी खूब इस्तेमाल किया जाता है। गर्मी में लस्सी के रूप में दही का सेवन बहुत से लोग करते हैं और बहुत से लोग दही से तैयार मठ्ठा का भी उपयोग करते हैं। दही में लगभग दूध के बराबर ही पोषक तत्व होते हैं। इसमें पेट की आँतों के लिए फायदेमंद लेक्टो बेसीलाई भी पाए जाते हैं। ताजे दही का सेवन उत्तम रहता है। दही में शक्कर, इलायची मिलाकर उसका पानी कम करके श्रीखंड भी बनाया जाता है।

4. छाँछ या मही–उबले दूध में दही या जामन मिलाकर इसे खट्टा किया जाता है। फिर इसे मथकर उसकी वसा को निकाल देते हैं। बचा हुआ तरल छाँछ कहलाता है। बहुत से लोग इसे पानी मिलाकर और भी पतला कर देते हैं। फिर इसमें नमक, जीरा इत्यादि मिलाकर उपयोग में लाते हैं। यह भी एक स्वास्थ्यवर्धक पेय है।

5. पनीर–दूध को नीबू या अन्य पदार्थों से फाड़कर उसका पानी अलग कर पनीर बनाया जाता है। पनीर में वसा और प्रोटीन की मात्रा अधिक पाई जाती है। इसे प्रायः सब्जी बनाकर उपयोग में लाते हैं। कई अन्य व्यंजन भी इससे बनाए जाते हैं।

6. वसा रहित दुग्ध पाउडर–इसे दूध में से वसा (मलाई) निकालने के बाद सुखाकर बनाया जाता है। इसमें दुग्ध वसा और वसा में घुलनशील विटामिन 'ए' और 'डी' नहीं पाए जाते। फिर भी इसमें कैल्शियम, प्रोटीन इत्यादि की मात्रा रहती है।

7. वसा युक्त दुग्ध पाउडर–इसमें दूध के प्रायः सभी तत्त्व पाए जाते हैं। मिल्क पाउडर से दूध बनाने के लिए इसमें सात गुना पानी मिलाते हैं। माँ का दूध या अन्य दूध उपलब्ध न होने पर इसका उपयोग करते हैं। आजकल इससे अन्य व्यंजन भी बनाए जाते हैं।

8. खोया या खोवा–इसे दूध को कड़ाही में काफी देर तक उबालकर उसका पानी वाष्पीकृत कर बनाते हैं। इसमें प्रायः दूध के बहुत से तत्व जैसे वसा और प्रोटीन मौजूद रहते हैं। कुछ विटामिन कम हो जाते हैं। सभी जानते हैं कि खोए से विभिन्न प्रकार की मिठाइयाँ बनाई जाती हैं।

यहाँ एक बात सभी को जाननी चाहिए कि खोवा में बहुत जल्दी उल्टी-दस्त (Food

Poisoning) के रोगाणु उत्पन्न हो जाते हैं। अतः कई दिनों के रखे खोवा का इस्तेमाल नहीं करना चाहिए।

वनस्पति दूध को मूँगफली से बनाया जाता है। आजकल सोयाबीन द्वारा तैयार सोया मिल्क भी खूब प्रयोग किया जाता है। इनको दूध के विकल्प के रूप में ऐसे छोटे बच्चों को भी दे सकते हैं जिनको गाय, भैंस का दूध उपलब्ध नहीं होता। कई शिशुओं या बच्चों को प्राकृतिक दूध से जब एलर्जी होती है तब भी उन्हें वनस्पति दूध, चिकित्सक की सलाह पर दिया जा सकता है।

तालिका-12

विभिन्न तरह के दूध का संयोजन (प्रति 100 ग्राम में)

दूध का प्रकार	जल	प्रोटीन	वसा	लेक्टोज (शर्करा)	कैलोरी
मानव	88.0	1.1	3.4	7.4	65
गाय	87.0	3.2	4.1	4.4	67
भैंस	81.0	4.3	8.8	5.1	117
बकरी	86.8	3.3	4.5	4.6	72

घी-तेल

ये सन्तुलित भोजन का एक अंग तो है ही, साथ ही इनका उपयोग खाना पकाने और सब्जियाँ तलने में भी करते हैं। ये भोजन को स्वादिष्ट बनाने के साथ-साथ विटामिन 'ए' और 'डी' की भी पूर्ति करते हैं।

वसा प्रमुख रूप से दो तरह की होती है। पहला संतृप्त वसा जैसे सभी तरह के घी, नारियल का तेल, वनस्पति घी इत्यादि। दूसरे प्रकार की वसाएँ असंतृप्त कहलाती हैं। ये हमें वनस्पति से प्राप्त होती हैं। जैसे मूँगफली तेल, सरसों का तेल, सूर्यमुखी का तेल इत्यादि। स्वास्थ्य की दृष्टि से असंतृप्त वसायुक्त वनस्पति तेलों का प्रयोग अच्छा होता है। ये रक्त में कोलेस्टेराल के स्तर को भी नियन्त्रित करते हैं।

शक्कर और गुड़

खाद्यों और पेय पदार्थों को मीठा बनाने के लिए इनका प्रयोग किया जाता है। मिठाइयों के अलावा शक्कर का उपयोग चाय-कॉफी बनाने के लिए भी होता है। इनमें 100 प्रतिशत कार्बोहाइड्रेट होता है। गुड़ में कुछ खनिज जैसे—लोहा इत्यादि भी होते है। गुड़ के लड्डुओं को प्रसूतिकाओं को भी दिया जाता है ताकि उनमें खून की कमी न होने पाए। पोषण की दृष्टि से शक्कर की बजाय गुड़ अधिक लाभप्रद और स्वास्थ्यवर्धक है।

मसाला

हमारे देश में मसालों के बिना खाने की कल्पना भी नहीं की जा सकती। इनका उपयोग भोजन को स्वादिष्ट बनाने और भूख बढ़ाने के लिए किया जाता है। मसालों में जीवाणु रोधी (Antibacterial) गुण भी होते है। कुछ मसाले अचार बनाने और खाद्यों को सुरक्षित रखने में काम आते हैं। प्रमुख मसाले हैं–काली मिर्च, इलायची, अदरक, धनिया, मिर्च, हल्दी, इमली, लौंग, दाल चीनी, हींग, केशर इत्यादि।

तालिका-13

किस खाद्य पदार्थ से कितनी ऊर्जा मिलेगी

(i) शाकाहारी भोजन

क्र. सं.	खाद्य पदार्थ	मिलने वाली ऊर्जा (कैलोरी में)
1.	1 चपाती (रोटी)	100
2.	1 टुकड़ा पाव रोटी	80
3.	1 कटोरी चावल	200
4.	1 कटोरी दाल	160
5.	10 कटी हुई आलू की फांकें	177
6.	1 छोटी चम्मच शक्कर	20
7.	1 प्याला दूध	165
8.	1 चम्मच मूँगफली का तेल	124
9.	1 बड़ा चम्मच घी	110
10.	1 मसाला डोसा	150
11.	1 इडली	60
12.	1 समोसा (60 ग्राम)	150
13.	1 प्याला खीर	600
14.	1 प्याला रबड़ी	1000
15.	40 ग्राफ बर्फी	250
16.	1 अमरूद	70
17.	1 फाँक पपीते का टुकड़ा	70
18.	1 केला	80
19.	1 सेब (औसत आकार)	70
20.	1 प्याला सन्तरे का रस	105
21.	1 प्याला सेब का रस	125
22.	1 प्याला टमाटर का रस	125

(ii) मांसाहारी भोजन

क्र. सं.	खाद्य पदार्थ	मिलने वाली ऊर्जा (कैलोरी में)
1.	मुर्गी का अंडा (1)	170
2.	100 ग्राम मांस (बकरे का)	120
3.	100 ग्राम मछली	100

विभिन्न पेय

पेय पदार्थ कई तरह के होते हैं जैसे (i) **मादक पेय**–रम, व्हिस्की, ताड़ी इत्यादि।

(ii) **साधारण या अमादक पेय**–चाय-कॉफी इत्यादि।

(iii) **मृदु पेय**–सोडा वाटर, शर्बत, लेमन इत्यादि।

मादक पेय पदार्थों से थोड़ी बहुत ऊर्जा (कैलोरी) तो मिलती है लेकिन इनका अधिक सेवन यकृत को हानि पहुँचाता है। अमादक पेय जैसे चाय एवं कॉफी तंत्रिका तंत्र को उत्तेजित करते हैं। इनमें कैफीन और टेनिक एसिड होता है। साथ ही कार्बोहाइड्रेट्स और वसा की भी कुछ मात्राएँ होती हैं।

मांसाहारी भोजन

मांस–मांस में लगभग 20% प्रोटीन और 10 से 20% वसा और 1 से 2% खनिज होते है। इसमें लोहा और फास्फोरस भी होता है। इसके साथ विटामिन 'बी' समूह के रिबोफ्लेविन और नियासिन मांस में होते हैं। लेकिन इसके अधिक सेवन से शरीर में चर्बी और कोलेस्टेरॉल की मात्रा बढ़ती है।

मछली–मछलियाँ कई तरह की होती हैं। जैसे मीठे पानी की मछली और खारे पानी की मछली अर्थात् समुद्री मछली। मछली के प्रोटीन उच्च दर्जे के होते हैं तथा इसमें कैल्शियम और फारस्फोरस भी अधिक पाया जाता है। जबकि समुद्री मछली में आयोडीन भी होता है।

तालिका-14

मांस, मछली एवं अंडों में प्रोटीन, वसा और खनिज की मात्रा

स्रोत	प्रोटीन	वसा	खनिज
मांस	18.5	13.3	1.3
मछली	21.5	1.6	2.0
अंडा (मुर्गी)	13.3	13.3	1.0

अंडा–अंडा प्रोटीन प्रधान आहार है। इसमें कार्बोहाइड्रेट्स बहुत कम होता है। अंडे में सफेद हिस्सा 60 प्रतिशत, पीला भाग 30 प्रतिशत और ऊपरी कड़ा खोल 10 प्रतिशत होता है। एक 60 ग्राम वजन वाले अंडे में 6 ग्राम प्रोटीन, 6 ग्राम वसा, 30 मिलीग्राम कैल्शियम और 1.5 मिलीग्राम लोहा रहता है। विटामिन 'सी' के अलावा अंडे में प्रायः सभी विटामिन रहते हैं। बत्तख के अंडे को कच्चा खाने की सलाह नहीं दी जाती। जिनको दूध उपलब्ध नहीं है वे अंडे के सेवन से उसकी पूर्ति कर सकते हैं। फिर भी यदि पर्याप्त मात्रा में दूध उपलब्ध हो तो शाकाहार ही अच्छा है। क्योंकि नए शोधों के अनुसार मांसाहार से मोटापे के साथ ही हृदय रोग, उच्च रक्तचाप, मधुमेह एवं कैंसर जैसे रोग होने की सम्भावना एक शाकाहारी व्यक्ति से अधिक होती है।

उच्च प्रोटीन युक्त मांसाहारी खाद्य

अंडे

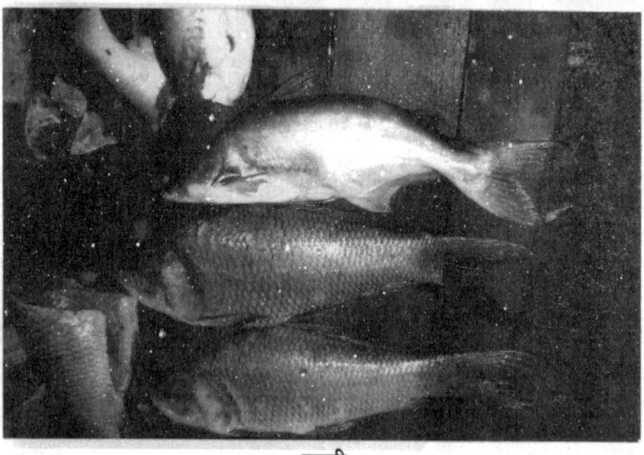

मछली

4

सन्तुलित भोजन क्या है ?

भारत जैसे विकासशील देशों में सन्तुलित भोजन के अभाव में कुपोषण के विभिन्न रोग बहुत बड़ी समस्याएँ उत्पन्न कर रहे हैं। बच्चों और स्त्रियों में बहुत से रोगों की जड़ में कुपोषण ही होता है और प्रति वर्ष लाखों बच्चे तथा स्त्रियाँ कुपोषण एवं उसके रोगों के कारण मृत्यु को प्राप्त होते हैं। यह भी उल्लेखनीय है कि अन्य देशों की तुलना में हमारे देश में कुपोषण के शिकार बच्चे अधिक हैं। पाँच वर्ष से कम आयु के ऐसे बच्चों की संख्या यहाँ साढ़े सात करोड़ के आसपास है। हमारे देश में 47 प्रतिशत बच्चे कुपोषण से ग्रस्त हैं। इस तरह सन्तुलित एवं पौष्टिक भोजन की महत्ता स्वयं प्रतिपादित हो जाती है।

एक जानकारी के अनुसार झारखंड एवं बिहार में 1 से 5 वर्ष की आयु के लगभग 60 प्रतिशत बच्चे कुपोषण के शिकार हैं और मध्यप्रदेश में 53 प्रतिशत बच्चे कुपोषण के शिकार हैं। इसी तरह भारत में प्रति वर्ष 40 हजार बच्चे विटामिन 'ए' की कमी के कारण अंधे हो जाते हैं। कुपोषण के कारण बच्चों की रोगों से लड़ने की शक्ति कम हो जाती है।

इसलिए इस घातक बीमारियों की जड़ कुपोषण को दूर करना अत्यन्त आवश्यक है। तभी एक स्वस्थ और रोग मुक्त समाज की स्थापना हो सकेगी। क्योंकि हमारे यहाँ आधे से अधिक बीमारियाँ कुपोषण के कारण होती हैं और यदि हमने कुपोषण की समस्या दूर कर ली तो 50 प्रतिशत से ज्यादा बीमारियाँ दूर हो जाएंगी। कुपोषण दूर करने के लिए पहले तो हम जानें कि सन्तुलित भोजन क्या है और उसे कैसे प्राप्त करें।

हमारा सन्तुलित भोजन कैसा हो?–"भोजन में सभी आवश्यक घटकों का सन्तुलित या उचित मात्रा में समावेश ही सन्तुलित भोजन है।"

हमारे शरीर को कार्य करने के लिए ऊर्जा (शक्ति) एवं शरीर के विकास के लिए कई तरह के खाद्य पदार्थों की जरूरत होती है। ये विभिन्न खाद्य पदार्थ हमें भोजन द्वारा प्राप्त होते हैं इसलिए सभी को कुपोषण से बचने के लिए सन्तुलित आहार लेना अत्यन्त आवश्यक है। सन्तुलित भोजन का मतलब होता है, शरीर के लिए आवश्यक खाद्य वस्तुओं का उचित मात्रा में लेना। ये आवश्यक खाद्य पदार्थ हैं–(1) **कार्बोज या**

कार्बोहाइड्रेट्स (2) प्रोटीन (3) वसा (4) विटामिन्स (5) खनिज लवण (6) शुद्ध जल। अतः ये छह वस्तुएँ भोजन में शामिल करना जरूरी है। अब हम इनका विस्तार से वर्णन करेंगे, ताकि सन्तुलित भोजन की सही जानकारी हो सके। सन्तुलित भोजन के छह घटकों का विवरण देने से पूर्व यह बतलाना चाहूँगा कि सन्तुलित भोजन के लिए बहुत बड़ी व्यवस्थाएँ करना जरूरी नहीं है और न ही व बहुत महँगा होता है। इसके लिए जरूरी है सही जानकारी की।

तालिका-15

मानव शरीर का संघटन

घटक का नाम	प्रतिशत
जल	63
प्रोटीन	17
वसा	12
खनिज	6
कार्बोहाइड्रेट्स	1
विटामिन्स	1
	100

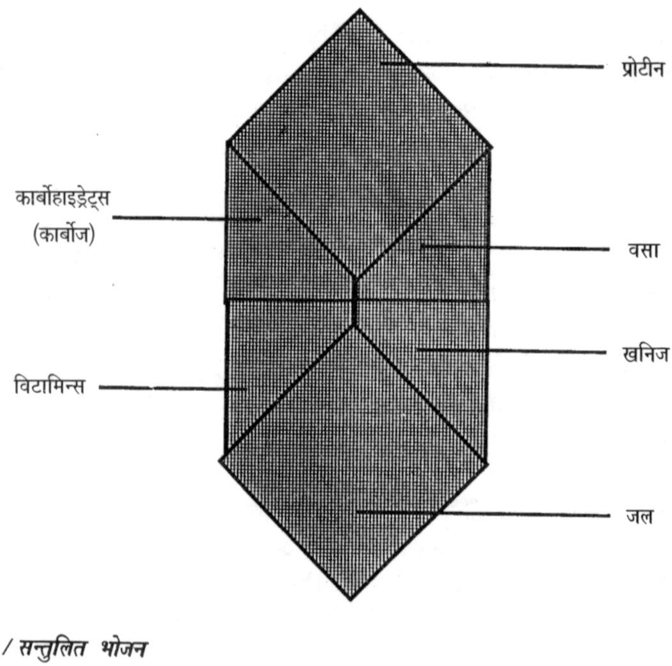

भोजन के घटक

(1) कार्बोज या कार्बोहाइड्रेट्स

यह चावल, गेहूँ, ज्वार, बाजरा इत्यादि अनाजों के अलावा, आलू, शकरकन्द, मीठे फलों जैसे अंगूर, केले इत्यादि में अधिक मात्रा में पाया जाता है। गुड़, शक्कर एवं शहद में भी अच्छा खासा कार्बोज होता है। एक ग्राम कार्बोज से चार कैलोरी ऊर्जा प्राप्त होती है। भारतीय भोजन में कार्बोहाइड्रेट्स की मात्रा अधिक होती है। इस कारण वे प्रोटीन कम लते हैं।

कार्बोज शरीर में ग्लूकोज का निर्माण करके ऊर्जा (कैलोरी) अथवा शक्ति उत्पन्न करता है। कार्बोज की कमी से शरीर में कमजोरी आती है और वजन भी कम हो जाता है। इसके अलावा इसकी कम मात्रा के कारण चक्कर भी आ सकते हैं, अतः कार्बोज भोजन का एक प्रमुख हिस्सा है। एक वयस्क व्यक्ति के भोजन में रोटी, चावल, आलू इत्यादि कार्बोज युक्त भोजन की मात्रा चार सौ से पाँच सौ ग्राम होनी चाहिए। कार्बोहाइड्रेट्स, स्टार्च (अनाज, आलू) एवं शर्करा के रूप से अधिक लिए जाते हैं। ये शरीर में पाचन के पश्चात् ग्लूकोज बनाते हैं जो आक्सीजन से मिलकर ऊर्जा उत्पन्न करता है।

(2) प्रोटीन

प्रोटीन सोयाबीन, दूध, अंडे, दालों तथा मांस में होता है। इनके अलावा यह सूखे मेवों जैसे काजू, पिस्ता, बादाम तथा मूँगफली में भी अच्छी मात्रा में पाया जाता है। सामान्य रूप से एक स्वस्थ व्यक्ति को 300 ग्राम से लेकर 350 ग्राम प्रोटीन युक्त आहार लेना चाहिए। बच्चों को प्रोटीन की विशेष जरूरत होती है क्योंकि प्रोटीन शरीर की वृद्धि के लिए आवश्यक होता है।

प्रोटीन का व्यक्ति के पोषण में सर्वाधिक महत्त्व है। प्रोटीन की संरचना में कार्बन, हाइड्रोजन, ऑक्सीजन, नाइट्रोजन एवं सल्फर विभिन्न अनुपातों में पाया जाता है। प्रोटीन की संरचना कई अमीनो एसिड्स से होती है।

प्रोटीन शरीर की कोशिकाओं की वृद्धि कर शरीर के विकास में सहायता देता है तथा शरीर को रोगों से लड़ने में समर्थ बनाता है। प्रोटीन का शरीर में वही कार्य है जो मकान-निर्माण में ईंटों का होता है। 1 ग्राम प्रोटीन से 4 कैलोरी ऊर्जा प्राप्त होती है। शरीर में कई एन्जाइम और हार्मोन को प्रोटीन निर्मित करता है जो वक्त पड़ने पर ग्लूकोज में बदल सकते हैं।

प्रोटीन के विभिन्न स्रोत–प्रोटीन प्रमुख रूप से दो स्रोतों से प्राप्त होते हैं। पहला–प्राणियों से, जैसे–दूध, अंडे, मांस, मछली इत्यादि और दूसरा वनस्पतिक स्रोत, जैसे–दालें, अनाज, मूँगफली, सोयाबीन (इसे दालों में ही मानते हैं), काजू, पिस्ता, बादाम इत्यादि।

पोषक तत्त्वों की दृष्टि से प्रोटीन वनस्पतिक प्रोटीन से बेहतर माने जाते हैं, क्योंकि

शरीर के लिए जरूरी अमीनो एसिड्स इनमें होते हैं, लेकिन भारत जैसे देश में आज सभी को दूध या अन्य प्रोटीन उपलब्ध नहीं होता इसलिए यहाँ प्रोटीन की कमी के कारण कुपोषण अधिक मात्रा में है।

वनस्पतिक प्रोटीन, प्राणिज प्रोटीन से सस्ते होते हैं साथ ये आसानी से मिल जाते हैं। चना, मूँग, अरहर जैसी दालों में अधिकतम 25% प्रोटीन होता है। लेकिन सोयाबीन जैसे खाद्य पदार्थ में 48% तक प्रोटीन होता है और यह उच्च दर्जे का। अतः बहुत सीमा तक यह प्राणिज प्रोटीन की जगह ले सकता है।

प्रायः वनस्पतिक प्रोटीन में मानव के लिए आवश्यक आठ अमीनो एसिड्स में से एक या कुछ की कमी रहती है। इसी कारण इन्हें प्राणियों से प्राप्त प्रोटीन से निम्न स्तर का मानते हैं। लेकिन कई तरह के वनस्पतिक प्रोटीन को एक साथ लेने से कुछ सीमा तक प्राणिज प्रोटीन की कमी दूर की जाती है।

वयस्कों के लिए उनके वजन के प्रति किलोग्राम, एक ग्राम प्रोटीन चाहिए होता है। जबकि शिशुओं, बच्चों और गर्भवतियों को इससे अधिक प्रोटीन की आवश्यकता होती है।

आहार शरीर की जरूरतों के अनुसार होना चाहिए न कि केवल स्वाद के लिए

प्रोटीन की कमी के दुष्परिणाम

1. यदि गर्भणी को पर्याप्त प्रोटीन नहीं मिलता है तो उसका शिशु दुबला-पतला अथवा कमजोर पैदा होता है।
2. प्रोटीनयुक्त आहार की कमी से बच्चों में कम वजन, कमजोर पेशियाँ और शरीर की वृद्धि रुक जाने जैसी शिकायतें हो सकती हैं। इसके अलावा क्वाशियोंकर एवं मरास्मस (सूखा रोग) जैसे रोग हो जाते हैं।

3. वयस्कों में प्रोटीन की कमी से वजन कम होना, खून की कमी, पतले दस्त होना, कमजोरी, शरीर और पेट में सूजन इत्यादि रोग हो सकते हैं।

प्रोटीन की कमी से शरीर की रोगों से लड़ने की शक्ति में भी कमी आ जाती है। अतएव प्रोटीन भी भोजन का एक हिस्सा होना चाहिए। छोटे बच्चों के लिए माँ का दूध एक आदर्श प्रोटीन युक्त आहार है।

तालिका-16

गेहूँ, चावल, मक्का की घटकीय संरचना (प्रति 100 ग्रा.)

भोज्य पदार्थ	गेहूँ	मिल का चावल	मक्का
प्रोटीन (ग्रा.)	11.8	6.8	11.1
कार्बोहाइड्रेट (ग्रा.)	71.2	78.2	66.2
वसा (ग्रा.)	1.5	0.5	3.6
विटामिन्स–			
थायमिन (मि.ग्रा.)	0.45	0.06	0.42
नियासिन (मि.ग्रा.)	5.0	1.9	1.4
रिबोफ्लेबिन (मि.ग्रा.)	0.12	0.06	0.1
खनिज (ग्रा.)	1.5	0.6	1.5

तालिका-17

प्रमुख खाद्यों में प्रोटीन की मात्रा

(1) प्राणियों से प्राप्त	प्रोटीन (प्रति 100 ग्रा. में)
दूध	3.2-4.3
मांस	18-26
अंडा	13
मछली	15-23
(2) वनस्पतियों से प्राप्त	**(प्रति 100 ग्राम में)**
सोयाबीन	43.2
दालें (दलहन)	21-28
विभिन्न अनाज	6-13
साग-भाजी	1-4
फल	1-3
तेल	0-0 (शून्य)
शक्कर या गुड़	0-0 (शून्य)

(3) वसा

वसा घी, मक्खन, नारियल के तेल और कई तरह के वनस्पति तेलों में पाई जाती है। मूँगफली और तिल इत्यादि में भी वसा होता है। इसका कार्य शरीर में चर्बी को बनाना

होता है। इसके अलावा घी और मक्खन में विटामिन 'ए' पाया जाता है जो आँखों की रोशनी के लिए आवश्यक है। वसा की कमी से वजन कम होना एवं शरीर का विकास कम हो जाना जैसे लक्षण पैदा होते हैं तथा आँखों की बीमारियाँ भी हो सकती हैं। वसा दो तरह की होती है–संतृप्त वसा और असंतृप्त वसा। जमने वाले घी, तेल संतृप्त वसा है। वनस्पतिक तेल असंतृप्त वसा हैं।

सामान्यतः एक व्यक्ति को प्रतिदिन 40-50 ग्राम वसा का सेवन पर्याप्त होता है। लेकिन संतृप्त वसा के अधिक सेवन से रक्त में कोलेस्टेरॉल की मात्रा बढ़ जाती है। जिससे हृदय रोग उत्पन्न होते हैं। इस तरह विटामिन्स हमारे परम हितैषी होते हैं। लेकिन हमें यह भी ध्यान रखना चाहिए कि विटामिन्स की अधिक मात्रा नुकसानदेह होती है और इस कारण भी बीमारियाँ पैदा हो सकती हैं। विटामिन्स रोगों से शरीर की रक्षा भी करते हैं।

वसा की एक ग्राम मात्रा से नौ कैलोरी मिलती है। हमें वसा की अधिकांश मात्रा वनस्पति के रूप में लेनी चाहिए न कि घी या मक्खन के रूप में।

जैसा कि विदित है 1 ग्राम वसा से हमें 9 किलो कैलोरी ऊर्जा प्राप्त होती है। वसा या चर्बी भी हमें प्रोटीन की तरह दो स्रोतों से प्राप्त होती है और ये स्रोत हैं प्राणिज एवं वनस्पतिक/वसा में सन्तृप्त और असन्तृप्त फैटी एसिड्स होते हैं। प्राणिज वसा एवं नारियल के तेल में संतृप्त फैटी एसिड्स होते हैं। डालडा या वनस्पति घी भी इसमें शामिल हैं। लेकिन सरसों, तिल, मूँगफली, सोयाबीन, सूर्यमुखी इत्यादि वनस्पतिक तेलों में असन्तृप्त वसाएँ होती हैं जो शरीर के लिए नुकसानदायक नहीं होतीं। देशी घी, मांस इत्यादि में संतृप्त वसाएँ होती हैं जो अधिक मात्रा में नुकसानदायक हैं।

वसा के प्रमुख कार्य

1. शरीर में आवश्यकता पड़ने पर ऊर्जा उत्पन्न करती है।
2. वसा चर्बी के रूप में इकट्ठी होकर एक सीमा तक शरीर को सुन्दर बनाती है लेकिन अधिक चर्बी मोटापा भी ला सकती है।
3. वसा में घुलनशील चार विटामिन ए, डी, ई और के होते हैं। वसा इनको घोलकर शरीर में सुरक्षित रखती है।
4. वसा अम्ल या फेटी एसिड्स के रूप में एक अति आवश्यक वसा अम्ल, लाइनोलेक एसिड होता है। यह अम्ल त्वचा को खुरदुरा या शल्की होने से रोकता है तथा अन्य वसा अम्ल त्वचा को स्वस्थ एवं सुन्दर बनाए रखते हैं।
5. त्वचा के नीचे जो चर्बी एकत्र होती है वह शरीर का तापमान स्थिर रखने में सहायक होती है।

वनस्पति घी–यह तेलों के उद्जनीकरण (Hydrogenation) से तैयार किया जाता है। इस प्रक्रिया में असंतृप्त वसा अम्ल, संतृप्त वसा अम्लों में बदल जाते हैं। अतः यह घी शरीर में कोलेस्ट्रेरॉल बढ़ाता है। पोषण विशेषज्ञों ने वसा को दो प्रकार से विभाजित किया है–(1) प्रत्यक्ष वसा और (2) अप्रत्यक्ष वसा।

प्रत्यक्ष वसा वह है जो हमें दिखती है जैसे—मक्खन, घी, तेल इत्यादि। अप्रत्यक्ष या परोक्ष वसा वह होती है जो हमें दिखती नहीं है लेकिन हमारे खाद्यों में मौजूद होती है। जैसे—दूध, अंडे, मांस एवं गिरियों की वसा हमें दिखती नहीं है। एक व्यक्ति के लिए प्रत्यक्ष वसा की 15-20 ग्राम मात्रा पोषण विशेषज्ञों ने निर्धारित की है। शेष वसा की पूर्ति अप्रत्यक्ष वसा से होती है।

(4) विटामिन्स

विटामिन से शरीर को कोई ऊर्जा प्राप्त नहीं होती लेकिन ये शरीर के लिए अत्यन्त उपयोगी होते हैं। इनकी थोड़ी सी मात्रा रोगी पर चमत्कारी प्रभाव दिखलाती है और शरीर के ठीक तरह से कार्य करने के लिए विटामिन्स बहुत ही जरूरी होते हैं। ये शरीर के विकास के साथ ही हमें रोगों से भी बचाते हैं।

तालिका-18

विटामिन 'ए' की मात्रा

(I.U. विटामिन A=0.349 रेटीनाल अथवा विटामिन 'ए')

		मात्रा माइक्रोग्राम में
1.	वयस्क पुरुष	750
2.	वयस्क स्त्री	750
3.	गर्भावस्था	750
4.	स्तन्य पान की अवस्था	1150
5.	शिशु	300-400
6.	बच्चे	300-600

तालिका-19

विटामिन 'ए' के कुछ प्रमुख स्रोत

स्रोत	अन्तर्राष्ट्रीय इकाइयों में (I.U.)/100 ग्राम
दूध	180
ताजा घी	2500
पालक	5500
चौलाई	2500 से 11000
बन्द गोभी	2000
गाजर	2000 से 4300
पका आम	4800
काड लिवर तेल	6000
शार्क लिवर तेल	9000 से 60000

तालिका-20

विटामिन 'सी' के प्रमुख स्रोत

स्रोत	मात्रा (मि. ग्रा./100 ग्राम)
आँवला	600
अमरूद (बिही)	212
सन्तरा	63
नींबू	30
बन्द गोभी	124
चौलाई	99
टमाटर	27

कई तरह के विटामिन के नाम अंग्रेजी की वर्णमाला के शुरू के अक्षरों को लेकर दिए गए हैं। जैसे—ए, बी, सी, डी, ई, के इत्यादि। विटामिन ब्री-कॉम्पलेक्स में छह प्रकार के विटामिन्स जैसे बी-1, बी-2 इत्यादि शामिल हैं। अभी लगभग तेरह विटामिन खोजे जा चुके हैं। प्रमुख विटामिन्स का संक्षिप्त विवरण निम्नलिखित है। ये सभी सन्तुलित भोजन के अंग हैं।

(I) विटामिन-ए—यह प्रमुख विटामिन आँखों की रोशनी के लिए अत्यन्त जरूरी होता है। साथ ही यह स्वस्थ त्वचा के लिए भी जरूरी होता है। बहुत-सी खाने योग्य वस्तुओं में जैसे—घी, मक्खन, दूध, अंडा, मछली, पनीर, गाजर, हरी पत्तेदार सब्जियों तथा गोभी, टमाटर इत्यादि में विटामिन 'ए' पाया जाता है। गरीब घर के बच्चों में कुपोषण के कारण अक्सर इस विटामिन की कमी हो जाती है और वे रतौंधी और यहाँ तक कि अंधेपन के भी शिकार हो जाते हैं। विटामिन के अभाव में त्वचा में भी परिवर्तन होकर वह कांतिहीन हो जाती है। अतः स्वस्थ त्वचा के लिए भी विटामिन 'ए' जरूरी होता है। हमारे यहाँ 8% बच्चों में विटामिन 'ए' की कमी है। बच्चों में 300 से 600 माइक्रोग्राम विटामिन 'ए' जरूरी होता है। बड़ों को 750 माइक्रोग्राम मात्रा जरूरी है।

(II) विटामिन बी काम्पलेक्स—जैसाकि बतलाया गया है कि इसमें कई तरह के विटामिन्स शामिल हैं जो शरीर के लिए अत्यन्त जरूरी हैं।

(क) बिटामिन बी-1 या थायमाइन—यह ताजे फलों और सब्जियों में मिलता है इसका कार्य शरीर के तंत्रिका तंत्र तथा हृदय को सक्षम एवं स्वस्थ रखना है। इसकी कमी के कारण बेरी-बेरी नामक रोग हो जाता है। यह विटामिन जल में घुलनशील होता है। इसके कार्य हैं—तंत्रिका तंत्र का कुशल संचालन एवं कार्बोहाइड्रेट्स के चयापचय में सहायता करना।

(ख) नियासिन—इसे निकोटिनिक अम्ल भी कहते हैं। विटामिन 'बी' समूह का यह विटामिन अंकुरित अनाज जैसे—गेहूँ, चोकर युक्त आटा, मटर, छिलके वाली दालों, बादाम, पत्तेदार सब्जियों, टमाटर एवं मांस में पाया जाता है। नियासिन अनाज की बाहरी

परत में विशेष रूप से मिलता है। अतः इस परत को अलग नहीं करना चाहिए। इस विटामिन की कमी से मानसिक विकार हो सकते हैं।

इस विटामिन का कार्य कार्बोहाइड्रेट्स अर्थात् गेहूँ, चावल, आलू इत्यादि द्वारा मिलने वाले भोज्य पदार्थों का शरीर में उपयोग करना है एवं आमाशय, आँतों तथा तंत्रिकाओं के ठीक से कार्य करने के लिए भी यह विटामिन आवश्यक होता है।

इस विटामिन के अभाव में पाचन क्रिया में दोष उत्पन्न होता है तथा व्यक्ति मानसिक रूप से कमजोर हो जाता है। पैलाग्रा नामक बीमारी भी निकोटिनिक अम्ल की कमी के कारण हो जाती है।

नियासिन की दैनिक आवश्यकता 6.6 मि.ग्रा./1000 कैलोरी ऊर्जा पर है।

तालिका-21

विभिन्न खाद्यों में विटामिन बी-1 (थायमिन) की मात्रा

मक्का	0.42	जौ	0.45
चावल	0.11	बाजरा	0.33
गाजर	0.04	पका टमाटर	0.04
पालक-मेथी	0.05	गोभी	0.10
सेम	0.08	दूध	0.05
मछली	0.10	अंडा	0.03
मांस (बकरे का)	0.18	मूँगफली	0.90
बादाम	0.34	अखरोट	0.45
काजू	0.63	उड़द	0.45
मूँग	0.46	अरहर	0.45
चना	0.45	अनानास	0.03
आम एवं केला	0.04	अंगूर एवं पपीता	0.04

तालिका-22

विभिन्न खाद्यों में विटामिन बी-2 (रिबोफ्लेविन) की मात्रा

गेहूँ	0.10	मक्का और जौ	0.12
ज्वार	0.16	बाजरा	0.16
मशीन का कुटा हुआ चावल	0.08	हाथ का कुटा चावल	0.10
चने की दाल	0.24	मूँग की दाल	0.26
मसूर की दाल	1.23	सोयाबीन	0.52
उड़द और अरहर की दाल	0.52	आम	0.05
अंगूर	0.01	सेब	0.12
अमरूद	0.03	आँवला	0.12
सेम, बैंगन, भिण्डी, मूली के पत्ते	0.06	मूली तथा गाजर	0.02

गोभी	0.03	पालक	0.11
मेथी	0.15	हरा धनिया	0.13
पुदीना	0.14	बकरे का जिगर	3.20
अंडा	0.25	मछली	0.15
बकरे का मांस	0.20	दूध	0.20

(ग) विटामिन बी-2 रिबोफ्लेविन–विटामिन बी समूह का यह भी प्रमुख विटामिन है और यह दूध एवं उससे बनी चीजों जैसे रबड़ी, मलाई, पनीर तथा हरी सब्जियों और अंडे, मांस एवं खमीर में होता है। यह अंकुरित दालों में भी होता है।

यह विटामिन शरीर के विकास तथा त्वचा एवं मुँह को स्वस्थ रखने के लिए आवश्यक होता है। आँखों के स्वास्थ्य के लिए भी रिबोफ्लेविन जरूरी होता है। इसकी कमी से आँखों तथा जीभ का लाल होना, मुँह में छाले, होंठों के कोने फटना, नजर धुंधली होना इत्यादि परेशानियाँ होती हैं।

(घ) विटामिन-बी (पाइरीडॉक्सिन)–यह विटामिन प्रायः सभी छिलके सहित अनाजों, फली युक्त सब्जियों जैसे–मटर, फ्रैसबीन तथा केले इत्यादि में पाया जाता है। मांसाहारी आहार लेने वालों को यकृत (कलेजी) से यह प्राप्त होता है। इस विटामिन की कार्बोज के चयापचय में भूमिका है।

इस विटामिन की तंत्रिका तंत्र की कोशिकाओं को पोषण देकर उन्हें ठीक रखने में भूमिका होती है। इसके अलावा यह शरीर में खून बनाने में भी सहायता करता है।

पाइरीडॉक्सिन की कमी के कारण खून की कमी, त्वचा रोग (डरमेटाइटिस) एवं तंत्रिका तंत्र के रोग जैसे न्यूराइटिस हो सकते हैं।

(ङ) विटामिन बी-12 (बायोटिन)–यह भी बी कॉम्प्लेक्स समूह का प्रमुख विटामिन है। जो रक्त बनाने में सहायक होता है। यह डी.एन.ए. के संश्लेषण में भी जरूरी है।

यह विटामिन फलों, हरी सब्जियों अंडों तथा मांस मछली में पाया जाता है। इसकी कमी से भी खून की कमी की शिकायत हो जाती है। कुछ तंत्रिका तंत्र सम्बन्धी गड़बड़ियाँ भी हो जाती हैं।

(च) फॉलिक अम्ल–यह शरीर में रक्त निर्माण में सहायक होता है तथा हरी सब्जियों, दालों तथा कलेजी से प्राप्त होता है। फॉलिक अम्ल भी रक्त बनाने के लिए अत्यन्त आवश्यक होता है। अतः इसकी कमी से अक्सर गर्भवती स्त्रियों और छोटे बच्चों में रक्ताल्पता अर्थात् खून की कमी हो जाती है (कई वैज्ञानिक फॉलिक अम्ल को विटामिन नहीं मानते हैं)।

(III) विटामिन-सी–यह शरीर के लिए जरूरी और महत्त्वपूर्ण विटामिन है। इसे एस्कार्बिक अम्ल भी कहते हैं। विटामिन सी आँवला, नीबू, सन्तरा, अमरूद जैसे फलों में बहुतायत पाया जाता है। इसके अलावा टमाटर, हरी मिर्च, पत्तेदार सब्जियों, अंकुरित अनाजों इत्यादि में भी यह पाया जाता है।

यह विटामिन शरीर की रोग प्रतिरोधक शक्ति बढ़ाने के साथ ही शरीर की कोशिकाओं में वृद्धि तथा रक्त उत्पादन में सहायक होता है। यह मसूड़ों को भी स्वस्थ रखता है। विटामिन 'सी' की कमी से रोग प्रतिरोधक शक्ति में कमी अर्थात् रोगों से लड़ने की क्षमता कम होना तथा स्कर्वी नामक रोग हो जाते हैं। शरीर का विकास भी इससे बाधित होता है। स्कर्वी रोग सबसे पहले उन नाविकों में पाया गया था जो लम्बे समय के लिए समुद्री यात्रा पर जाते थे। उस दौरान उन्हें ताजे फल या हरी सब्जियाँ नहीं मिल पाती थीं, अतः स्कर्वी रोग हो जाता था। इसकी बड़ों के लिए मात्रा 40 मि. ग्रा. प्रतिदिन और बच्चों के लिए दैनिक जरूरत के हिसाब से 20 से 40 मि.ग्रा. है।

तालिका-23

प्रत्येक 100 ग्राम खाद्य में विटामिन 'सी' की मात्रा

(I.U.—International Units में)

सन्तरा	68	आँवला	700
केला	1	हरा धनिया	135
मूली के पत्ते	103	मेथी	54
पालक	28	पुदीना	27
मूली	27	सेब	2
अमरूद	300	पपीता	46
चना	15	अंकुरित मूँग	16
गाजर	3	टमाटर	32
गोभी	66	भिंडी	16
सेम	14	बैंगन	12
आम	24	नीबू	52

तालिका-24

विभिन्न खाद्य पदार्थों में विटामिन 'ए' की मात्रा

(I.U.—International Units में)

गाजर	2000 से 4200	बन्द गोभी	2000
पालक	9300	हरा धनिया	12600
जौ	110	ज्वार	136
मक्का	1000	बाजरा	150
गेहूँ	108	सोयाबीन	713
चना	200	मसूर की दाल	450
अरहर की दाल	220	उड़द	64
अंगूर	5	पपीता	2220
सन्तरा	350	पका हुआ आम	4800

काजू	100	अखरोट	10
पिस्ता	210	मूँगफली	63
सेम	210	भिण्डी	70
बैंगन	124	गोभी	41
दूध	180	शुद्ध देशी घी	2000
मक्खन	2500	मछली	26
अंडा	2000	बकरे का जिगर	21000
अंडे की ज़र्दी	3650	कॉड लिवर ऑयल	20001

(IV) विटामिन–डी, डी-2 और डी-3 (कोलोकेल्सीफेराल)–विटामिन 'डी' कई तरह का होता है लेकिन पोषण के महत्त्व से यह विटामिन हड्डियों के विकास एवं दाँतों के लिए जरूरी होता है। इसकी कमी से बच्चों में रिकेट्स तथा बड़ों में आस्टोमेलेसिया हो जाता है। इसका वर्णन आगे किया गया है। वयस्कों के लिए 2.5 माइक्रो ग्राम मात्रा जरूरी होती है। बच्चों एवं महिलाओं में 10 माइक्रो ग्राम तक आवश्यक होता है।

यह विटामिन धूप अर्थात् सूर्य की किरणों से शरीर में स्वयं बन जाता है। इसके अलावा यह मछली के तेल, अंडे, दूध में भी होता है तथा घी, मक्खन भी इसके प्रमुख स्रोत हैं।

(V) विटामिन-ई (अल्फा टोकोफेरॉल)–यह महत्त्वपूर्ण विटामिन स्वस्थ यौन सम्बन्धों के लिए जरूरी होता है। विटामिन 'ई' मधुमेह के रोगियों में रोग की जटिलताओं से बचाव करता है। यह गाजर के अलावा सूरजमुखी, बिनौले के तेल इत्यादि में भी पाया जाता है। अभी इस विटामिन की पूरी जानकारी नहीं है। विटामिन 'ई' की कमी के कारण नपुंसकता, बांझपन, पिंडलियों में दर्द इत्यादि होता है।

(Vi) विटामिन-के–इस विटामिन को शरीर में आँतें, जीवाणुओं द्वारा उत्पन्न करती हैं। इसके अलावा यह हरी पत्तेदार सब्जियों एवं फलों से भी मिलता है। वैसे इस विटामिन की कमी होती नहीं है।

विटामिन 'के' रक्त को जमाने के कार्य में सहायक होता है। इसकी कमी से मस्तिष्क एवं आँतों से खून रिसना तथा चोट लगने पर शीघ्र रक्त का बहना बंद न होना इत्यादि लक्षण उत्पन्न होते हैं।

5. खनिज लवण

जिस तरह शरीर को चुस्त-दुरुस्त रखने के लिए विभिन्न प्रकार के विटामिन्स आवश्यक है, उसी तरह खनिज लवण भी जरूरी है। ये खनिज पदार्थ हैं–सोडियम (खाने के नमक में होता है), पोटेशियम, कैल्शियम, फास्फोरस, लोहा, ताँबा, आयोडीन, जिंक, मैंग्नीज इत्यादि। इनकी शरीर की क्रियाओं और उसके विकास में महत्त्वपूर्ण भूमिका है। ये पदार्थ

अलग से बीमारी की स्थिति में लिए जाते हैं। वरना इनकी पूर्ति हम जो साग-सब्जी ताजे फल, दूध इत्यादि लेते हैं, उनसे हो जाती है। खनिज शरीर की हड्डियों एवं दाँतों का निर्माण, रक्त का निर्माण इत्यादि में सहायक होते हैं।

कुछ खनिज लवणों की जानकारी निम्नानुसार है—

(अ) सोडियम क्लोराइड—इसे बोलचाल की भाषा में नमक कहते हैं। यह जीवन के आवश्यक लवण हैं। नमक रक्तचाप का स्तर बनाए रखने के लिए जरूरी है। आजकल इसके साथ आयोडीन की कुछ मात्रा मिलाई जाती है। आयोडीन भी बल, बुद्धि और मानसिक विकास के लिए अत्यन्त जरूरी है। अतः आयोडीन युक्त नमक ही इस्तेमाल करना चाहिए। कुछ नमक सब्जियों, फलों, दूध, अंडा, मांस इत्यादि में भी पाया जाता है। इसकी दैनिक आवश्यकता 10 ग्राम से 25 ग्राम तक होती है।

(ब) लोहा—लोहा रक्त की लाल कोशिकाओं का निर्माण करता है, अर्थात् शरीर में खून बढ़ाता है। लोहा—गुड़, खजूर, किसमिस, अंजीर, अंकुरित मेथी में प्रचुर मात्रा में पाया जाता है। इसके अलावा यह पालक सब्जी तथा अन्य हरी सब्जियों, दूध तथा अंडे में भी पाया जाता है। इसकी कमी से शरीर में रक्ताल्पता हो जाती है। इस कारण शरीर कमजोर हो जाता है। लोहा रक्त में हीमोग्लोबिन बनाता है।

(स) कैल्शियम—दांतों एवं हड्डियों की वृद्धि एवं उन्हें मजबूत बनाने के लिए सफेद खनिज कैल्शियम भी एक उपयोगी पदार्थ है जो दूध एवं दूध से बनी चीजों तथा हरी पत्तेदार सब्जियों, दालों तथा अंडों में होता है। इसकी पर्याप्त मात्रा लेना शरीर के लिए परम आवश्यक है वरना कैल्शियम के अभाव में बच्चों में सूखा रोग तथा बड़ों में हड्डियों को कमजोर बनाने वाले रोग हो जाते हैं।

शरीर के कुल वजन में कैल्शियम का हिस्सा 1.5 से 2.0 प्रतिशत तक रहता है। अर्थात् एक वयस्क व्यक्ति में कुल 850 ग्राम से 1400 ग्राम तक कैल्शियम हो सकता है और शरीर का लगभग 99% कैल्शियम हड्डियों में होता है। रक्त में भी यह होता है। एक वयस्क को 500 मि.ग्रा. कैल्शियम भोजन के रूप में लेने की जरूरत होती है। वहीं गर्भवती स्त्री एवं स्तन्यकाल में 1500 मि.ग्रा. कैल्शियम की मात्रा लेना जरूरी होता है।

(द) फास्फोरस—अस्थिओं और दाँतों के लिए यह जरूरी है। सभी प्रमुख शारीरिक चयापचय सम्बन्धी क्रियाओं में भी फास्फोरस की महत्त्वपूर्ण भूमिका होती है। इसकी कमी बहुत कम देखने को मिलती है।

सूक्ष्म मात्रिक तत्त्व—ये भी खनिज हैं और इनकी बहुत ही थोड़ी मात्रा शरीर के लिए आवश्यक होती है। इनमें आयोडीन, फ्लोसीन, ताँबा, कोबाल्ट, मैग्नीशियम इत्यादि शामिल हैं। कुछ तत्त्वों के तो शरीर में कार्य अभी ज्ञात भी नहीं हैं। वैसे इनमें से अधिकतर तत्त्व हमें सन्तुलित भोजन से प्राप्त हो जाते हैं। कुछ का वर्णन निम्न हैं—

(अ) आयोडीन—शरीर में गले के आगे स्थित थायराइड ग्रन्थि द्वारा तैयार हार्मोन थायराक्सिन के निर्माण में इसकी प्रमुख भूमिका है।

स्रोत–आयोडीन समुद्र जल में एवं समुद्री नमक में पाई जाती है। कुछ मात्रा में आयोडीन समुद्री मछलियों एवं कार्ड लिवर तेल में भी पाई जाती है।

कमी के लक्षण–आयोडीन की कमी से गले की थायराइड ग्रन्थि का आकार बढ़ जाता है और गलगण्ड या घेंघा रोग हो जाता है। रोग से बचाव के लिए आयोडीन युक्त नमक लेने की सलाह दी जाती है। वैसे अब सरकार ने बिना आयोडीन के नमक की बिक्री पर रोक लगा दी है।

(ब) फ्लोरीन–यह हड्डियों और दाँतों में पाया जाता है। यह उनकी सुरक्षा के लिए आवश्यक सूक्ष्म मात्रिक तत्त्व है।

स्रोत–पेय जल में कुछ मात्रा में फ्लोरीन होता है। लेकिन कहीं-कहीं यह मात्रा पेय जल में अधिक होती है। ऐसे जल को पीने से फ्लुरोसिस नामक खतरनाक रोग हो जाता है। जल के अलावा यह समुद्री मछली, पनीर तथा चाय में भी होता है।

कमी का प्रभाव–इसकी कमी से दाँतों का क्षय अथवा क्षरण होता है और अधिकता से हड्डियों का फ्लुरोसिस हो जाता है। जिससे शरीर अपंग हो जाता है।

6. शुद्ध जल

शुद्ध जीवाणु रहित जल भी जीवन के लिए परम आवश्यक होता है। अतः इसे पर्याप्त मात्रा में पीना चाहिए। लेकिन भोजन करते वक्त कम पानी पिएँ और भोजन के दो घंटे पश्चात् पानी की अधिक मात्रा लें। एक स्वस्थ व्यक्ति को चौबीस घंटे में 8 से 10 गिलास पानी पीना चाहिए। छोटे बच्चों को भी पर्याप्त पानी पिलाते रहना चाहिए।

वर्षा एवं सर्दियों में कम पानी की जरूरत पड़ती है। जबकि गर्मियों में अधिक। कुछ बीमारियों जैसे दस्त लगने या उल्टी होने पर अधिक पानी की जरूरत पड़ती है।

हमारे देश में बहुत-सी पेट एवं लीवर की बीमारियाँ अशुद्ध पानी द्वारा ही होती हैं। अतः पानी की शुद्धता का ध्यान रखना बहुत ही आवश्यक है।

गहराई में स्थित हैंड पम्पों का पानी शुद्ध माना गया है। नदियों का बहता पानी प्रायः शुद्ध होता है। नल का फिल्टर द्वारा छना हुआ क्लोरीन मिला जल भी पीने की दृष्टि से शुद्ध माना जाता है, लेकिन तालाबों तथा असुरक्षित कुओं का पानी पीने के लिए सुरक्षित नहीं होता। हाँ, कुओं में पर्याप्त मात्रा में क्लोरीन अर्थात् ब्लीचिंग पाउडर समय-समय से डाला जाए तो वह पीने लायक बन जाता है। यह ध्यान रखें आसपास की गन्दगी कुएँ में न जाए तथा कुएँ में पत्ते इत्यादि न गिरें। न ही उसमें बरतन धोए जाएँ। अच्छा होगा कि कुओं को ढँककर रखा जाए और समय-समय पर उसके पानी की जाँच की जाए।

एंटी आक्सीडेंट–नई खोजों के अनुसार एंटी आक्सीडेंट तत्त्व शरीर के लिए अत्यन्त उपयोगी पाए गए हैं। ये उम्र के असर को कम करते हैं। कैंसर से बचाते हैं। ताजे फलों और सब्जियों में भी ये पाए जाते हैं। जैसे—गाजर, नीबू, संतरा इत्यादि में मौजूद होते हैं। अतः फल और सब्जियाँ अवश्य खाएँ।

सन्तुलित भोजन कैसे लें

बेहतर स्वास्थ्य के लिए हमें अपने भोजन में ऊपर बतलाए गए पोषक तत्त्वों का उचित मात्रा में समावेश करना चाहिए। यहाँ कुछ प्रमुख रोजमर्रा के उपयोग में आने वाले खाद्य पदार्थों की सूची और उनसे प्राप्त होने वाली ऊर्जा की जानकारी एक तालिका में दी जा रही है।

एक वयस्क पुरुष को ऊर्जा प्राप्त करने के लिए औसतन 2800 कैलोरी ऊर्जा भोजन द्वारा लेने की आवश्यकता होती है तथा स्त्री को 2300 कैलोरी। लेकिन गर्भवती माता को 2600 कैलोरी की जरूरत पड़ती है। इसी तरह अपने बच्चों को दूध पिलाने वाली स्त्रियों को 3000 कैलोरी तक भोजन के रूप में लेनी चाहिए। बच्चों को उनकी उम्र के अनुसार 1 हजार से लेकर 2400 कैलोरी तक की जरूरत होती है (4 से 5 वर्ष तक 1000 कैलोरी, 6 से 7 वर्ष 1300 कैलोरी, 10 से 11 वर्ष 1500 कैलोरी तथा 12 से 15 वर्ष 2400 कैलोरी)।

एक ग्राम प्रोटीन और एक ग्राम कार्बोहाइड्रेट्स से क्रमशः 4-4 कैलोरी ऊर्जा प्राप्त होती है तथा एक ग्राम घी, तेल या चर्बी (वसा) से 9 कैलोरी ऊर्जा के रूप में प्राप्त होते हैं।

केवल दो-तीन खाद्य पदार्थों से सभी चीजें प्राप्त नहीं हो सकतीं। अतः यह ध्यान रखना चाहिए कि रोटी, चावल, दाल के साथ ही हरी सब्जियों, फलों, सलाद तथा दूध अथवा अंडों का भी समावेश किया जाए। गाँवों में बच्चों तथा स्त्रियों में कुपोषण का एक बड़ा कारण यह भी है कि प्रायः वहाँ के लोग दो-तीन तरह के अनाजों के अलावा ताजे फलों या हरी सब्जियों, सलाद एवं दूध, अंडों का उपयोग न के बराबर करते हैं, वे सोयाबीन भी नहीं खाते।

एक वयस्क व्यक्ति के 24 घंटे के भोजन में निम्नलिखित खाद्य पदार्थ होना चाहिए—

तालिका-25
खाद्य पदार्थ

बना हुआ अनाज (रोटी-चावल)	350 ग्राम
दालें (उबली हुई)	75 ग्राम
दूध (अथवा 1 अंडा)	250 ग्राम
पत्तेदार सब्जियाँ/हरी सब्जी	80 ग्राम
अन्य सब्जियाँ/सलाद	80 ग्राम
फल	80 ग्राम
शक्कर/गुड़	40 ग्राम
तेल/घी (वसा)	20-40 ग्राम

उम्र के अनुसार बच्चों को भी यही खाद्य पदार्थ देना चाहिए लेकिन मात्रा कम करके। यह ध्यान रखना होगा कि बच्चों को कुपोषण से बचाने के लिए उक्त खाद्य पदार्थ थोड़ी-थोड़ी मात्रा में कई बार खिलाएं जाएँ। विशेषकर उन्हें प्रोटीन युक्त आहार तो अवश्य ही दें।

5

सस्ता और अच्छा पौष्टिक आहार कैसे प्राप्त करें

सामान्यतः आम लोगों की धारणा है कि अच्छा पौष्टिक भोजन बहुत महँगा होता है और गरीबों के वश की बात नहीं है, जबकि यह धारणा गलत है। एक निम्न मध्यमवर्गीय परिवार भी, यदि जानकारी हो तो सन्तुलित एवं पौष्टिक आहार आसानी से जुटा सकता है और हमें यह भी सोचना चाहिए कि कुपोषण के अभाव में हमें या हमारे परिवार के सदस्य को कोई गम्भीर रोग हो इससे बेहतर है हम शुरू से ही पौष्टिक और सन्तुलित आहार की तरफ ध्यान दें।

यहाँ एक बात और समझ लें कि कोई गोलियाँ या टॉनिक की शीशी सन्तुलित आहार की जगह नहीं ले सकती। दवाई बीमारी की दशा में मददगार भले हो, लेकिन भोजन की जगह इस्तेमाल नहीं की जा सकती। अतः हमें अपने आहार में ही सुधार करना होगा, ताकि भोजन के सभी आवश्यक घटक हमें प्राप्त हो सकें। अब हम आपको बतलाएँगे किन वस्तुओं से आप सस्ता और अच्छा भोज्य पदार्थ सरलता से प्राप्त कर सकते हैं ताकि कुपोषण और उसके रोगों से बचे रह सकें।

कार्बोहाइड्रेट्स

ऊर्जा के इस प्रमुख स्रोत को गेहूँ के आटे या चावल से प्राप्त किया जा सकता है। ये बहुत ज्यादा महँगे नहीं हैं। गेहूँ का आटा बगैर उसका चोकर निकाले (छिलका उतारे) इस्तेमाल करना चाहिए।

इसी प्रकार चावल का माँड़ भी अलग नहीं कर फेंकना चाहिए। इसमें विटामिन बी और खनिज तत्त्व पाए जाते हैं। इस माँड़ को भी सब्जियों को पकाने या आटा गूँधने में प्रयोग किया जा सकता है। जिन क्षेत्रों में गेहूँ चावल उपलब्ध नहीं होता वहाँ ज्वार-बाजरा का आटा प्रयोग किया जा सकता है।

इसके अलावा आलू में भी पर्याप्त कार्बोहाइड्रेट्स होता है और यह सस्ता भी है। अतः हरी सब्जियों के साथ इसका उपयोग किया जा सकता है। फलों के रूप में केला भी कार्बोज का अच्छा स्रोत है।

शक्कर एवं गुड़ में भी कार्बोज भरपूर मात्रा में पाया जाता है। गुड़ में लोहा,

कैल्शियम एवं अन्य खनिज भी होते हैं। अतः इन्हें भी आवश्यकतानुसार प्रयोग किया जा सकता है। ये अपेक्षाकृत ज्यादा महँगे भी नहीं है और इनसे शरीर को अधिक ऊर्जा प्राप्त होती है। इसी तरह पिनखजूर भी सस्ता होने के साथ इसमें शर्करा की मात्रा खूब होती है, साथ ही आयरन भी होता है। इसे नाश्ते में इस्तेमाल कर सकते हैं। यह प्रायः 15 रुपया किलो तक बिकता है।

प्रोटीन

आहार में प्रोटीन की व्यवस्था करना जरूर कुछ महँगा है, लेकिन सोयाबीन और विभिन्न दालों में प्रचुर मात्रा में प्रोटीन पाया जाता है। सोयाबीन में तो 48 प्रतिशत अर्थात् अंडा, मांस, दूध इत्यादि से अधिक प्रोटीन पाया जाता है। अतः जो लोग पर्याप्त दूध अथवा मांस की व्यवस्था नहीं कर सकते, उन्हें सोयाबीन को विभिन्न तरह से प्रयोग करना चाहिए। उदाहरणार्थ, उसको आटे के रूप में पिसवाकर गेहूँ के आटे में मिलाया जा सकता है। सोयाबीन की बनी बड़ियाँ और बिस्किट इस्तेमाल कर सकते हैं। बड़े शहरों में सोयाबीन का दूध 'सोयामिल्क' के नाम से भी उपलब्ध रहता है। चने में भी अच्छा प्रोटीन होता है और यह सस्ता भी है। इसे मूँग के साथ अंकुरित करके सुबह नाश्ते में स्वयं भी ले सकते हैं और बच्चों को भी दे सकते हैं। इसका एक फायदा यह भी है कि अंकुरित अनाज में विटामिन 'ए' भी मिल जाता है। चावल के साथ दालों को खाया जा सकता है। लेकिन उच्च श्रेणी का प्रोटीन हमें अंडा, दूध, मांस-मछली एवं सोयाबीन से ही मिल सकता है।

यदि सोयाबीन का समुचित उपयोग करना सम्भव नहीं है तो फिर कम से कम एक पाव दूध (जो कि भैंस, गाय, बकरी का हो सकता है) की व्यवस्था की जा सकती है और यदि दूध लेने में भी मुश्किल है तो फिर कम से कम एक अंडा प्रतिदिन लेने की व्यवस्था करें। इससे उच्च श्रेणी के प्रोटीन की पूर्ति हो सकेगी। लेकिन साथ में दालें भी खाई जाएँ, यह भी ध्यान रखना होगा। छोटे बच्चों (छह माह के ऊपर) को भी दाल और दाल का पानी पर्याप्त मात्रा में देना चाहिए।

शिशुओं और छोटे बच्चों को जब तक उपलब्ध हो माँ का दूध पिलाएँ। इसमें उच्च स्तर के प्रोटीन के साथ ही कई जीवनरक्षक पदार्थ होते हैं जो उनको बीमारियों से बचाते हैं और आवश्यक प्रोटीन, कार्बोहाइड्रेट, वसा इत्यादि की तो पूर्ति करते ही हैं।

जैसा कि कहा गया है मूँगफली गरीबों का मेवा है। यह प्रोटीन का अच्छा स्रोत तो है ही इसमें वसा भी होता है। अतः काजू, पिस्ता, बादाम जैसे महँगे मेवे न खरीदकर सस्ती मूँगफली से बखूबी काम चलाया जा सकता है। ठंड की ऋतु में गुड़ के साथ पट्टी बनाकर प्रयोग करने से प्रोटीन के साथ कार्बोहाइड्रेट्स, वसा एवं खनिज लवण भी प्राप्त हो जाते हैं।

वसा

वसा जैसा कि बतलाया गया है घी, तेल, मांस इत्यादि से प्राप्त होती है। मक्खन, देशी घी या मांस खरीदना तो सबके वश की बात नहीं है, ये महँगे भी पड़ते हैं। अतः वसा की पूर्ति वनस्पति तेलों, जैसे सोयाबीन, सूर्यमुखी, सरसों, तिल, मूँगफली इत्यादि के तेल द्वारा की जा सकती है। ये घी, मक्खन से सस्ते होते हैं तथा रक्त में चर्बी (कोलेस्टेरॉल) की मात्रा भी नहीं बढ़ाते हैं।

विटामिन्स एवं खनिज लवण—सेब जैसे महँगे फलों में ही विटामिन नहीं होते, बल्कि सस्ते मौसमी फलों में भी भरपूर विटामिन्स होते हैं। उदाहरणार्थ, आँवला और अमरूद, सेब की अपेक्षा बहुत सस्ते हैं। लेकिन इनमें विटामिन 'सी' बहुत अच्छी मात्रा में होता है। इसी तरह नीबू में भी विटामिन 'सी' पर्याप्त मात्रा में होता है। केले में कैल्शियम होता है। अतएव इनका भरपूर उपयोग करें।

इसी तरह पत्तेदार हरी सब्जियाँ भी हमारे यहाँ बहुत सस्ती बिकती हैं, लेकिन इनमें विटामिन-ए तथा बी समूह के कई विटामिन्स तथा विटामिन 'सी' भी अच्छी मात्रा में पाया जाता है। इसके अलावा इनमें आवश्यक खनिज लवण भी पर्याप्त मात्रा में मौजूद होते हैं। जैसे पालक की भाजी में लोहा के अलावा कैल्शियम भी होता है। ये खनिज प्रायः सभी पत्तेदार भाजियों में भी पाए जाते हैं। लाल भाजी में कैंसर से सुरक्षा प्रदान करने वाला पदार्थ होता है। अच्छे स्वास्थ्य के लिए ये भाजियाँ निम्न वर्ग को भी सहज ही उपलब्ध हैं। अतः इनका खूब उपयोग करना चाहिए। लेकिन हरी सब्जियों को बहुत तलना-भूनना नहीं चाहिए।

विटामिन 'ए' एवं 'ई' का अच्छा स्रोत गाजर भी है, जिसको सलाद या रस के रूप में लिया जा सकता है। गाजर या उसका रस भी महँगा नहीं होता। मटर में विटामिन 'बी' होते हैं। ठंड के मौसम में यह भी सहज रूप से उपलब्ध होती है। इसकी सब्जी बनाकर या कच्चा ही खाया जा सकता है। सब्जियों का पानी फेंकना नहीं चाहिए तथा उन्हें ढँककर उबालना चाहिए। पपीता और आम में विटामिन 'ए' होता है। सीताफल अथवा शरीफा में बहुत ही अच्छी मात्रा में विटामिन 'बी-1', 'बी-2'' और नियासीन के अलावा विटामिन 'सी' तथा शर्करा भी भरपूर पाई जाती है। इन सभी फलों में खनिज लवण भी होते ही हैं और ये फल अन्य फलों की तुलना में सस्ते भी बिकते हैं।

अतः सन्तुलित भोजन के लिए उपर्युक्त वर्णित ताजे फलों एवं हरी सब्जियों का उपयोग अधिक करना चाहिए। ये विटामिन्स एवं खनिज लवणों की मात्रा की पूर्ति आसानी से करेंगी।

इसके अलावा गोभी में विटामिन ''ए'' पाया जाता है। इसे सलाद के रूप में पालक, गाजर, प्याज, खीरा, मूली, टमाटर के साथ खाया जा सकता है। सलाद भी विटामिन्स और खनिज लवणों में भरपूर होते हैं। ठंड में पत्ता गोभी खूब सस्ता बिकता है। अतः कम आय वाले परिवार इसका उपयोग पर्याप्त मात्रा में कर सकते हैं।

इस तरह हम देखते हैं कि कुपोषण से बचने के लिए सन्तुलित भोजन जुटाना उतना महँगा और कठिन नहीं है। इसके लिए बहुत ज्यादा नाप-तौल करने की भी जरूरत नहीं है। हम जो भोजन करते हैं उसमें दो-चार बातों का ध्यान रखें तो कुपोषण से स्वयं भी बच सकते हैं और अपने परिवार को भी बचा सकते हैं।

रोज के भोजन में पेट भर रोटी, चावल, सब्जी, दाल और थोड़े से घी-तेल के अलावा ये चीजें भी शामिल कर लें–

1. भोजन में रोज कम-से-कम आधा पाव पत्तेदार भाजी तथा आधा पाव सलाद लें।
2. मौसमी फल जैसे अमरूद, आँवला, सन्तरा, केला, पपीता, चीकू, आम इत्यादि में से जो भी उपलब्ध हो, प्रतिदिन सेवन करें।
3. रोज कम से कम डेढ़ या दो पाव दूध या किसी भी रूप में 100 ग्राम सोयाबीन और ये दोनों उपलब्ध न हों तो 1 या 2 अंडे लें।

खाने में उपरोक्त तीन बातों को ध्यान में रखकर हर तरह के कुपोषण से दूर रहकर आप स्वस्थ रह सकते हैं (बच्चों में उक्त खाद्यों की मात्रा उम्र के अनुसार कम कर दें)।

भोजन एवं खाद्य वस्तुओं के सम्बन्ध में भ्रांतियाँ एवं अन्धविश्वास

हमारे यहाँ कुपोषण का एक बड़ा कारण कई भ्रांतियाँ एवं अन्धविश्वास भी हैं। जिन्हें दूर करना भी आवश्यक है। उदाहरणार्थ, कुछ ग्रामीण अंचलों में यह अन्धविश्वास है कि छोटे बच्चों को दूध के अलावा कुछ भी नहीं खिलाना चाहिए, वरना लीवर बढ़ जाता है। जबकि हकीकत यह है कि 6 महीने की उम्र के बाद शिशु की आहार सम्बन्धी जरूरतें केवल दूध से पूरी नहीं हो पातीं। अतः उसे दाल, चावल, दलिया इत्यादि देना चाहिए। इसी प्रकार कुछ लोग टमाटर जैसे पौष्टिक और सुपाच्य फल को तथा कटहल को मांस के समान दिखने के कारण नहीं खाते। दक्षिण भारत में यह धारणा प्रचलित है कि भैंस का दूध पिलाने से बच्चे का दिमाग ठस हो जाएगा, इस कारण बच्चा उच्च कोटि के प्रोटीन वाले आहार से वंचित रहकर कुपोषण की गिरफ्त में चला जाता है।

एक और दुर्भाग्यपूर्ण अन्धविश्वास भी भारत के कुछ क्षेत्रों में प्रचलित हैं–वह यह है कि गर्भवती स्त्री के भोजन में कटौती कर देनी चाहिए। जबकि वास्तविकता यह है कि गर्भावस्था के दौरान स्त्री को और अधिक आहार प्राप्त करने से गर्भस्थ शिशु का आकार बढ़ जाएगा और वह जन्म के समय कठिनाई पैदा करेगा। जबकि अपर्याप्त भोजन के अभाव में होता यह है कि माँ एवं गर्भस्थ शिशु दोनों कुपोषण के शिकार हो जाते हैं तथा शिशु के जन्म के समय उनकी मृत्यु की सम्भावना बढ़ जाती है।

इसी तरह बच्चों को दस्त लगने पर कोई आहार यहाँ तक कि पानी भी नहीं दिया जाता इस कारण भी उनकी जान खतरे में पड़ जाती है। इसी तरह भोज्य पदार्थों के बारे में भी गलत धारणाएँ प्रचलित हैं। जैसे लोग मानते हैं कि अमुक वस्तु ठंडी है तो नहीं देनी चाहिए या अमुक वस्तु गर्म है तो इसे नहीं दिया जाना चाहिए। मसलन–कई उपयोगी मौसमी फलों को लोग स्वयं भी नहीं खाते और अपने बच्चों को भी इस कारण

मना करते हैं कि वे ठंडे होते हैं। इसी तरह आम के लिए कहा जाता है कि गरम होता है। गुड़ को भी गरम समझा जाता है। चावल तथा दही या मट्ठा को ठंडा मानकर खाने से मना किया जाता है। तो कुपोषण का एक कारण ये भ्रांतियाँ भी हैं।

डिब्बाबन्द खाद्य पदार्थों की बजाय प्राकृतिक स्रोतों पर ध्यान दें

आजकल डिब्बाबन्द खाद्य पदार्थों, बेबी फूड, पाउडर, मिल्क पाउडर, फास्ट फूड इत्यादि का खूब प्रचलन बढ़ रहा है। इनके आकर्षक विज्ञापन दूरदर्शन एवं पत्र-पत्रिकाओं में खूब बढ़ा-चढ़ाकर आते हैं। खाद्य या पेय पदार्थ जो वर्षों तक डिब्बों में बन्द रहते हैं और जिनमें विभिन्न तरह के नुकसानदेह रंग और कृत्रिम रसायन रक्षक के रूप में मिले रहते हैं, उन्हें ताजा बतलाया जाता है। ये खाद्य महँगे भी होते हैं और स्वास्थ्य के लिए अधिक उपयोगी भी नहीं होते। इसी तरह डिब्बे वाला दूध भी विशेष गुणकारी नहीं होता।

डिब्बाबन्द खाद्य पदार्थों के प्रयोग में संयम और सावधानियाँ बरतें

अतएव हमें प्राकृतिक रूप से उगाई गई सब्जियों और फलों और ताजे दूध का प्रयोग करना चाहिए और सम्भव हो तो स्वयं का छोटा-सा बगीचा बनाकर उसमें गोबर की खाद का प्रयोग बगैर कीटनाशकों के छिड़काव के शाक-भाजी उगाना चाहिए। यह बाजारु सब्जियों से ज्यादा गुणकारी और सुरक्षित रहेगी। अनाज भी इसी तरह का उगाया जाए तो और भी अच्छा।

6

बच्चों, महिलाओं और गर्भवतियों का भोजन

प्रायः देखा गया है कि गर्भवती स्त्रियाँ एवं शिशुओं को दूध पिलाने वाली माताएँ तथा बच्चे ज्यादातर कुपोषण के शिकार होते हैं। हमारे देश में यदि तीन स्त्रियों की जाँच की जाए तो इनमें एक स्त्री कुपोषण अथवा रक्ताल्पता रोग से ग्रस्त मिलेगी। इसी तरह देश के मध्य प्रांत में 56 प्रतिशत बच्चे कुपोषण से ग्रस्त हैं और बिहार एवं झारखंड में तो स्थिति और भी खराब है। वहाँ साठ से लेकर सत्तर प्रतिशत बच्चे कुपोषण के शिकार हैं। बचपन में कुपोषण से ग्रस्त बच्चे कई बार जीवन भर सँभल नहीं पाते। इसी तरह यदि गर्भवती माता कुपोषण की शिकार है तो पैदा होने वाला बच्चा भी कमजोर होगा। कुपोषण बच्चों एवं स्त्रियों में कई बीमारियों की जड़ है। इन वर्गों के आहार के सम्बन्ध में कई तरह की भ्रांतियाँ भी प्रचलित हैं। अतः इन भ्रांतियों को भी दूर करने की आवश्यकता है, तभी कुपोषण की समस्या से निजात पाई जा सकती है। हमें यह ध्यान रखना चाहिए कि यदि माताएँ स्वस्थ हैं तो बच्चे भी स्वस्थ होंगे। स्त्री पूरे परिवार की धुरी होती है। अतः उसका स्वस्थ रहना जरूरी है और स्वस्थ रहने के लिए पर्याप्त सन्तुलित आहार भी जरूरी है। केवल सन्तुलित आहार का सेवन करके कई भयंकर बीमारियों से बचा जा सकता है।

गर्भवती स्त्रियों का आहार

चूँकि माँ के गर्भ में पल रहा शिशु माँ से ही पोषण ग्रहण करता है। अतः इन दिनों माँ की आहार सम्बन्धी आवश्यकताएँ बढ़ जाती हैं। एक ऐसी सामान्य महिला जो गर्भवती नहीं है, उसे 2300 कैलोरी वाले भोजन की जरूरत होती है, जबकि गर्भिणी स्त्री को 2600 से 2800 कैलोरी ऊर्जा की भोजन के रूप में लेने की आवश्यकता होती है। अतः गर्भवती स्त्री को अच्छा पौष्टिक और सन्तुलित भोजन जिनमें अनाज, दूध, फल, हरी सब्जियों का समावेश हो, पर्याप्त मात्रा में लेना चाहिए। विशेषकर गरीब घर की माताओं को इन तथ्यों का ध्यान रखने की जरूरत है क्योंकि गरीबी और अभाव के कारण वे पौष्टिक भोजन नहीं ले सकतीं। लेकिन यदि वे ध्यान रखें तो अपेक्षाकृत कुछ सस्ते खाद्यों से भी काम चला सकती हैं। उदाहरणार्थ, जो महिलाएँ प्रोटीन के लिए दूध नहीं ले सकतीं वे सोयाबीन के आटे या उसकी बड़ी एवं मूँगफली के दूध से काम चला

सकती हैं या एक अंडा रोज खा सकती हैं। इसी तरह हरी साग-भाजी और मौसमी फल जैसे—पत्तेदार भाजियाँ एवं अमरूद, पपीता आदि ज्यादा महँगे नहीं होते हैं। विटामिन और खनिज लवणों के लिए इनका सेवन किया जा सकता है।

यह पाया गया है कि जो गर्भवती माताएँ 1500 कैलोरी से कम ऊर्जा वाला भोजन रोज लेती हैं उनमें समय से पूर्व बच्चा पैदा होने या मृत बच्चा पैदा होने की घटनाएँ अधिक होती हैं। इस तथ्य से ही हम गर्भवती माताओं के आहार के महत्त्व को समझ सकते हैं। वास्तव में ऐसी स्त्रियों को अपने साथ ही पेट में पल रहे शिशु के लिए भी अतिरिक्त मात्रा में आहार लेना चाहिए, तभी उनकी पोषण की आवश्यकताएँ पूरी होती हैं। जो माताएँ पर्याप्त भोजन नहीं लेतीं, वे गर्भावस्था के दौरान दुबली और रक्त की कमी जैसी बीमारियों की शिकार बन जाती हैं। उनमें विटामिन ए, बी इत्यादि की कमी हो जाती है। इस कारण भी कई रोग उत्पन्न होते हैं। इसके अलावा पोषक आहार कम लेने वाली गर्भवती स्त्रियों के उत्पन्न होने वाले शिशुओं का वजन भी कम होता है।

हमें यह मालूम होना चाहिए कि नवजात शिशु का औसत वजन 2.8 किलो माना गया है। प्रगति कर चुके देशों और सम्पन्न घरानों की महिलाओं के शिशुओं का वजन तो 3.1 किलोग्राम या इससे अधिक होता है और कुपोषण ग्रस्त माताओं के शिशुओं का वजन ढाई किलो से कम रहता है। लेकिन लगातार उच्च गुणवत्ता का पौष्टिक आहार लेने से मृत प्रसव की सम्भावना खत्म हो जाती है। गर्भावस्था के दौरान स्त्रियों को 300 से 400 कैलोरी अतिरिक्त भोजन की जरूरत होती है। इन दिनों उनका वजन लगभग 8 किलोग्राम बढ़ जाता है। उन्हें अतिरिक्त कैल्शियम एवं अन्य खनिज तत्त्वों की भी जरूरत होती है। यह कैल्शियम उन्हें दूध, अंडा, ताजे फल एवं हरी पत्तेदार सब्जियों से मिलता है। अतः जैसा कि पूर्व में बतलाया गया है कि इनका सेवन पर्याप्त मात्रा में करना चाहिए।

तालिका-26

महिलाओं के लिए प्रतिदिन जरूरी पोषक तत्त्व

उम्र	कैलोरी	प्रोटीन (ग्रा. में)	कैल्शियम (मिग्रा. में)	आयरन (मि.ग्रा. में)	फोलिक एसिड (माइक्रोग्राम में)	विटामिन बी12 (माइक्रोग्राम में)
लड़कियाँ (12 से 21 वर्ष तक)	2200	50	0.6-0.7	35	50-100	0.5-1.0
कम सक्रिय घरेलू महिलाएँ	1900 2200	45	0.4-05	30	100	1
मध्यम/अधिक काम करने वाली	3000	—	—	—	—	—
गर्भावस्था (साढ़े 4 महीने बाद)	+300	+10	1.0	40	150-300	1.5
माँ बनने के बाद (एक साल तक)	+700	+20	1.0	30	150	1.5

इंडियन काउंसिल ऑफ मेडिकल रिसर्च के न्युट्रीशन ग्रुप ऑफ एक्सपर्ट्स द्वारा अनुमोदित)

तालिका-27

एक वयस्क भारतीय महिला के लिए सन्तुलित आहार

(सभी वजन ग्राम में)

	कम सक्रिय महिलाएँ	मध्यम कामकाजी महिलाएँ	अधिक कामकाजी महिलाएँ	गर्भावस्था में+	माँ बनने पर+
रेशेदार भोजन	300	350	475	50	100
दाल	60/45*	70/55*	70/55*	-	10
हरी पत्तीदार सब्जियाँ	125	125	125	25	25
अन्य सब्जियाँ	75	75	100	-	-
कन्द, आलू, गाजर, इत्यादि, जो जमीन के अन्दर पैदा होती हैं	50	75	100	-	-
फल	30	30	30	-	-
दूध	200/100*	200/100*	200/100*	125	125
वसा एवं तेल	30/35*	35/40*	40/45*	-	15
शक्कर व गुड़	30	30	40	10	20
मांस व मछली	30	30	30	-	-
अंडे	30	30	30	-	-
मूँगफली	-	-	40	-	-

इसके अलावा आयरन अथवा लौह तत्त्व की अतिरिक्त आवश्यकता भी होती है। जैसा कि सर्वविदित है कि लौह तत्त्व रक्त में हीमोग्लोबिन की मात्रा बढ़ाता है। अतः इन दिनों गुड़, पालक की भाजी जैसे खाद्य तो लेने ही चाहिए, साथ ही आयरन की गोलियाँ चिकित्सक या स्वास्थ्य कार्यकर्ता की सलाह से अवश्य लें। इन गोलियों में फोलिक एसिड और विटामिन बी-12 होता है जो शरीर में रक्त बनाने के लिए अत्यन्त जरूरी है।

प्रोटीन के लिए दूध, दालें, भुने चने, मूँगफली का उपयोग किया जा सकता है। मूँगफली में प्रोटीन तो होता ही है साथ ही वसा की भी पर्याप्त मात्रा रहती है और अपेक्षाकृत यह सस्ती भी मिलती है। इनके अलावा सोयाबीन का आटा, दूध या बड़ियों का प्रयोग भी प्रोटीन की कमी को पूरा करता है। कार्बोहाइड्रेट्स तो विभिन्न अनाजों जैसे—चावल, गेहूँ, ज्वार इत्यादि में होता ही है, आलू भी इसका अच्छा स्रोत है। रोटी, चावल पर्याप्त मात्रा में लें, भूखी न रहें। यह गर्भिणी को ध्यान में रखना चाहिए।

विटामिन-सी एवं अन्य विटामिनों के लिए ताजे फल, सन्तरा, नीबू, मौसम्मी, अमरूद, पपीता, चीकू इत्यादि खाएँ। मौसमी फल ठीक रहते हैं, यह जरूरी नहीं कि आप सेब, अनार जैसे महँगे फल ही लें। लेकिन कुछ बातों का ध्यान रखें जैसे कि फल ताजे हों एवं उन्हें अच्छी तरह से साफ कर लिया जाए। सन्तरा जैसे फलों के रस का भी सेवन किया जा सकता है।

* मांसाहारी महिलाओं के लिए अतिरिक्त आहार

गर्भवती स्त्रियों को उल्टियाँ आने के कारण वे एक साथ ज्यादा आहार नहीं ले पातीं। अतः वे पौष्टिक आहार थोड़ी-थोड़ी मात्रा में कई बार लेने की आदत डालें। साथ ही शुद्ध पानी पर्याप्त मात्रा में पिएँ। पानी की शुद्धता में शंका हो तो उसे उबालकर पिएँ।

देश के कुछ भागों में यह माना जाता है कि गर्भवती स्त्री को ज्यादा खाना नहीं खिलाना चाहिए, वरना प्रसव के वक्त परेशानी होती है। यह धारणा बिल्कुल गलत है, बल्कि कम खाना देने से अवश्य माँ-बेटे की जान पर बन सकती है।

एक नौकरी-पेशा महिला या ऐसी महिला जिसे घर में पूरा कार्य करना पड़ता है, की पोषण अथवा आहार की जरूरतें ऐसी महिलाओं से अधिक होती है, जिन्हें प्रायः कोई मेहनती कार्य नहीं करना पड़ता। अतः यह ध्यान रखना चाहिए कि मेहनत करने वाली गर्भवती महिलाएँ 2700 से 2800 कैलोरी वाला भोजन लें और जो मेहनत नहीं करतीं वे 2600 कैलोरी वाला भोजन अपने लिए तय करें। वरना आवश्यकता से अधिक कैलोरी वाला भोजन लेने से मोटापा या शरीर में चर्बी की मात्रा बढ़ सकती है, जिससे प्रसव सम्बन्धी कुछ कठिनाइयाँ उत्पन्न हो सकती हैं।

बच्चों को दूध पिलाने वाली महिलाओं का भोजन

यह तथ्य विचारणीय है कि दूध पिलाने वाली जननियों को गर्भवती माताओं से भी अधिक कैलोरी की आवश्यकता होती है। गर्भिणी नारी को 2600 कैलोरी के लगभग भोजन पर्याप्त होता है, जबकि दूध पिलाने वाली स्त्रियों को 2800 कैलोरी मान वाले भोजन की जरूरत होती है। अतएव उनकी खुराक पर ध्यान देना अत्यन्त जरूरी है।

माँ के दूध में विभिन्न पोषक तत्त्वों का अनुपात बहुत ही सुन्दर तरीके से प्रकृति ने सुनिश्चित किया है। उसमें प्रोटीन, कैल्शियम, आयरन एवं विटामिन्स इत्यादि की पर्याप्त मात्रा होती है। स्तनों द्वारा एक महिला में दिन भर में दूध निकलने की अधिकतम क्षमता 500 मि.ली. अर्थात् आधा लीटर के लगभग होती है और इतना दूध एक वर्ष के लगभग तक बनता रहता है। इस तरह हम स्वयं सोच सकते हैं कि स्तनपान कराने वाली माता के विभिन्न पोषक तत्त्व दूध के माध्यम से कितनी तेजी से शरीर से निकलते हैं। तब यदि वह अतिरिक्त मात्रा में पोषक आहार न ले तो स्वयं कुपोषण ग्रस्त होकर बीमार पड़ सकती है। फिर उसके दूध में भी पहले वाली गुणवत्ता नहीं रहेगी तथा दूध की मात्रा में भी कमी आ जाएगी। यही कारण है कि गरीब घर की महिलाओं के दूध में विटामिन-ए, थायमिन, रिबोफ्लेबिन, विटामिन-सी इत्यादि की मात्रा कम पाई जाती है। जबकि खाते-पीते घरों की औरतों के दूध में ये कमियाँ नहीं होती हैं।

दूध पिलाने वाली माताओं को, ऊपर जो गर्भवती माताओं का आहार बतलाया गया है वह तो लेना ही चाहिए, साथ ही दूध या अंडों की मात्रा बढ़ा देनी चाहिए। इससे उन्हें अतिरिक्त कैल्शियम तथा प्रोटीन एवं विटामिन-ए प्राप्त होगा। दूध की मात्रा आधा लीटर तक ली जा सकती है। दूध उपलब्ध न हो तो दो अंडे अथवा मूँगफली

एवं सोयाबीन का दूध लिया जा सकता है। इसके अलावा पर्याप्त मात्रा में हरी पत्तेदार सब्जियाँ, सलाद, दालें या मक्खन के साथ ही ताजे फल खाना चाहिए। कार्बोहाइड्रेट्स के लिए गेहूँ के आटे की रोटियाँ, चावल, आलू भी पर्याप्त मात्रा में लेना चाहिए। गाँवों में उपलब्ध भुने चने एवं गुड़ का सेवन भी पर्याप्त मात्रा में किया जा सकता है।

शिशुओं एवं बच्चों के लिए पोषक आहार

यहाँ हम बतला दें कि शिशु एवं बच्चे में क्या अन्तर है ? एक वर्ष तक के ल़ड़के या लड़की को शिशु (Infant) कहा जाता है एवं एक वर्ष से अधिक उम्र के लड़के या लड़की को बच्चा (Child) कहा जाता है।

शिशुओं के लिए आहार–

जन्म से लेकर दो महिने तक

माँ का दूध ही सर्वश्रेष्ठ आहार है–माँ के दूध एवं जल के अलावा अन्य आहार की नवजात शिशु के लिए जरूरत नहीं होती। माँ का दूध एक पूर्ण आहार है, इसमें पोषक तत्त्वों के साथ ही रोगों से लड़ने की शक्ति प्रदान करने वाले बहुमूल्य एंटीबॉडीज (प्रतिजन) पाए जाते हैं। शिशु के जन्म के थोड़े समय बाद माँ के स्तनों से कोलेस्ट्रम नामक पीले रंग का द्रव निकलता है, जिसमें प्रचुर मात्रा में महत्त्वपूर्ण एंटीबॉडीज और आवश्यक प्रोटीन्स के साथ ही केरोटिन होता है। जिसमें विटामिन-ए रहता है। विटामिन-ए की आवश्यकता भी शिशु को होती है। अतः जन्म के कुछ समय पश्चात् शिशु को माँ का दूध पिलाना शुरू कर देना चाहिए।

माँ का दूध शिशु के लिए सुरक्षित भी होता है। यह सीधे स्तन के निपिल द्वारा बच्चे के मुँह से पेट में जाता है। अतः संक्रमण का डर नहीं होता। जबकि गाय या भैंस का दूध चम्मच या बॉटल द्वारा दिया जाता है जिससे दूध में कीटाणु पहुँचने का खतरा होता है। इसके अलावा यह दूध माँ के दूध जैसा हल्का और सुपाच्य नहीं होता है, और न ही इसमें रोगों से रक्षा करने वाले बहुमूल्य प्रतिजन पाए जाते हैं। अतः माँ के दूध से बेहतर आहार शिशु के लिए दूसरा नहीं है।

माँ के द्वारा अपने शिशु को स्तनपान कराने में प्रमुख बात भावनाओं की भी होती है। माँ अपनी पूरी ममता और स्नेह के साथ बच्चे को दूध पिलाती है, इससे बच्चा भी संतुष्ट होता है। यही कारण है कि माँ की गोद में आते ही शिशु चुप हो जाता है। इसके अलावा स्वयं माँ को भी अपने नन्हे-मुन्ने को दूध पिलाने में एक प्रकार से सुख और संतोष की अनुभूति होती है, जो बॉटल या चम्मच से गाय-भैंस का दूध पिलाने में नहीं मिलती। स्तनपान कराने से माँ को कोई हानि नहीं होती।

तालिका-28

शिशु की समयानुसार आहार-योजना (1-3 वर्ष तक)

समय	खाद्य पदार्थ	मात्रा
सुबह उठने पर	— मातृ-दुग्ध या अन्य दूध (उबला)	
	— बिस्कुट या डबलरोटी का टुकड़ा	1-2
प्रातः 9-10 बजे	— सूजी, दलिया या कॉर्नफ्लेक्स	20-25 ग्रा.
	— टोस्ट, मक्खन या जैम के साथ	1-2 टुकड़ा
	— उबला अंडा	आधा
	— फल का रस	आधा गिलास
दोपहर 12-1 बजे	— दाल या सब्जी का सूप	100 ग्राम
	— चपाती या चावल	25-50 ग्राम
	— दूध या उससे बनी वस्तु	100-150 ग्राम
	— उबला आलू या अन्य सब्जी	25-50 ग्राम
अपराह्न 3-4 बजे	— मातृ दुग्ध या अन्य दूध (उबला)	
	— बिस्कुट, टोस्ट या सैण्डविच	1 या 2
रात्रि 8 बजे रात्रि	— दलिया या खिचड़ी	25-50 ग्राम
	— उबली सब्जी	25-60 ग्राम
	— दूध या उससे बनी वस्तु	100-150 ग्राम

परीक्षणों द्वारा यह भी पाया गया है कि जो माताएँ अपने शिशुओं को 10-12 महीने तक स्तनपान कराती हैं वे बच्चे अपेक्षाकृत अधिक तन्दुरुस्त होते हैं तथा उनमें रोगों से लड़ने की क्षमता अधिक होती है। यह ध्यान रखें कि 4-6 महीने तक माँ का दूध शिशु के लिए सम्पूर्ण आहार का कार्य करता है, क्योंकि माँ के दूध में प्रायः सभी आवश्यक पोषक तत्त्व पाए जाते हैं। इस तरह नन्हे शिशुओं के लिए उनकी माताओं का दूध एक अनुपम उपहार और प्रकृति की बहुत बड़ी देन है। लेकिन यदि माँ का दूध पर्याप्त मात्रा में उपलब्ध न हो तो फिर थोड़ा-सा पानी तथा शक्कर डालकर गाय-भैंस का दूध भी दे सकते हैं। परन्तु बच्चा भूखा न रहे, यह ध्यान रखें।

दो से पाँच महीने तक शिशु का आहार

माँ का दूध अर्थात् स्तनपान तो जारी रखना ही चाहिए। कुछ माताएँ शीघ्र ही स्तनपान बन्द कर देती हैं, जबकि उनके स्तनों में दूध की पर्याप्त मात्रा बनती है। अतः इसे बन्द या कम नहीं करना चाहिए। लेकिन यदि यह समझ में आए कि स्तनपान द्वारा पर्याप्त दूध बच्चे को नहीं मिल पा रहा है और वह भूखा रहता है तो फिर उसे गाय या भैंस का दूध दिया जा सकता है। लेकिन इसके लिए निम्न सावधानियाँ रखनी होंगी—

1. भैंस के दूध में चर्बी की मात्रा अधिक होती है। अतः उसे थोड़ा-सा पानी मिलाकर पतला किया जा सकता है, साथ ही थोड़ी शक्कर भी उसमें मिलाई जा सकती है।
2. उबालते समय मलाई की परत चढ़ जाती है उसे भी अलग कर देना चाहिए।
3. भैंस या गाय के दूध को बच्चे को बिठाकर या सिर ऊँचा कर छोटी चम्मच से पिलाना चाहिए।
4. बॉटल से दूध पिलाने की आदत न डालें। इसके लिए सफाई और बार-बार बॉटल उबालने की सावधानी रखनी पड़ती है, जो कि सम्भव नहीं होती है, इस कारण बच्चे को दस्त लग जाते हैं और अन्य तरह के संक्रमणों का खतरा बना रहता है।

शिशु को पर्याप्त मात्रा में उबला पानी भी पिलाना चाहिए (पानी की शुद्धता का ध्यान रखें)। पाचन क्रिया सुचारु हो इसके लिए पानी की जरूरत होती है तथा पौष्टिक तत्त्वों का उपयोग भी सही तरीके से पर्याप्त मात्रा में हो इसके लिए भी पानी आवश्यकता है। जन्म के बाद शिशु को थोड़ा-थोड़ा शुद्ध पानी अवश्य पिलाना चाहिए। शुरू के दो महीने तक यह मात्रा 200 मि.ली. तक हो सकती है। यह धारणा गलत है कि छोटे शिशुओं को पानी की जरूरत नहीं होती। यदि दस्त लग रहें हो तो शिशु को अधिक पानी की आवश्यकता होती है।

हमारे देश में कुछ लोग पैसों की तंगी के चलते गाय या भैंस का दूध भी अपने बच्चों के लिए नहीं खरीद पाते, या कई जगह यह दूध उपलब्ध नहीं होता है तब मूँगफली, सोयाबीन आदि से दुग्ध आहार बनाकर बच्चे को दिए जा सकते हैं। ये काफी हद तक दूध की कमी को पूरा कर सकते हैं। जिन बच्चों को माँ का या गाय-भैंस का दूध हजम नहीं होता, उन्हें भी यह वनस्पति दूध दिया जा सकता है। दूध के अलावा दाल का पानी, सब्जियों का सूप तथा फलों में केला, पपीता मसलकर थोड़ी मात्रा में दिया जा सकता है।

चार से छह महीने तक

दूध जिसकी मात्रा दिन भर में 450 मिली लीटर तक हो सकती है, दिया जाना चाहिए। दूध पिलाते वक्त ऊपर बतलाई सावधानियाँ भी रखनी चाहिए। दूध के अलावा निम्नलिखित आहार भी देना चाहिए, क्योंकि केवल दूध से बच्चे की विटामिन ए, सी और डी तथा लौह तत्त्व की आवश्यकताएँ पूरी नहीं हो पाती हैं।

1. पत्तेदार सब्जियाँ मसलकर उनका सूप, इसमें टमाटर या संतरे का रस भी मिलाया जा सकता है।
2. पके हुए फल जैसे—केला, आम, पपीता, चीकू, सेब इत्यादि।
3. छह महीने की उम्र में चावल, दाल एवं दलिया दें। उबले आलू मसलकर दे सकते हैं।

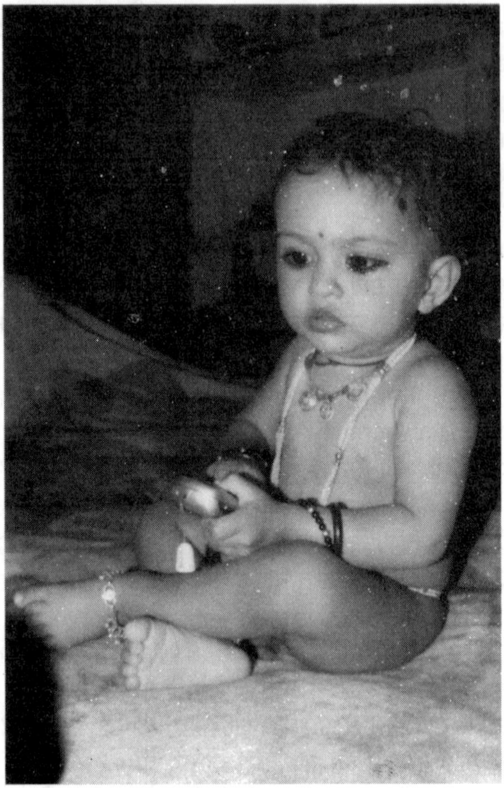

एक स्वस्थ बच्चा

तालिका-29

वजन तालिका : छोटे बच्चे

आयु	वजन (कि.ग्रा.)	आयु	वजन (कि.ग्रा.)
जन्म के समय	3.0	एक वर्ष	8.8
दो माह	5.0	दो वर्ष	11.0
चार माह	6.0	तीन वर्ष	12.5
छह माह	7.0	चार वर्ष	14-15
आठ माह	8.0	पाँच वर्ष	16-17
दस माह	8.4		

तालिका-30

लड़के और लड़कियाँ

	लड़के		लड़कियाँ	
आयु वर्ष	कद से.मी.	वजन कि.ग्रा.	कद से.मी.	वजन कि.ग्रा.
5	108.9	17.0	106.6	16.1
6	113.8	18.7	112.6	18.1
7	119.7	21.0	116.3	19.7
8	123.9	22.0	122.8	21.6
9	128.4	24.7	127.1	23.6
10	135.4	25.9	132.5	26.7

किशोरवय

	लड़के		लड़कियाँ	
आयु वर्ष	कद से.मी.	वजन कि.ग्रा.	कद से.मी.	वजन कि.ग्रा.
11	139.6	31.0	140.6	31.0
12	142.8	32.5	145.5	35.2
13	152.9	39.9	149.0	39.3
14	159.9	44.5	152.4	41.6
15	162.0	45.7	153.1	43.4
16	163.5	46.9	153.5	44.0
17	164.5	48.0	154.0	44.5

छह से बारह महीने तक

जैसे-जैसे शिशु बढ़ता है उसकी भोजन सम्बन्धी जरूरतें बदलती जाती हैं। बच्चे के दाँत निकलने भी शुरू हो जाते हैं तथा पाचन के लिए सभी एन्जाइम बनने लगते हैं। अतः बच्चे को इस उम्र में कुछ ठोस आहार भी दिए जा सकते हैं। दिन भर में 450 मि.लि. दूध के अलावा उन्हें ऊपर से सब्जियों एवं फलों के साथ दाल, चावल, दलिया इत्यादि घर में बनी वस्तुएँ दी जा सकती हैं। दलिया में शक्कर की जगह गुड़ डाला जा सकता है।

उबले आलू या ब्रेड या रोटी के मुलायम टुकड़े भी दिए जा सकते हैं। थोड़ा-थोड़ा करके उबला अंडा भी खिलाया जा सकता है। यह ध्यान रखें कि बच्चों को कई बार आहार देने की जरूरत होती है, क्योंकि एक-दो बार में वे जरूरत का सारा भोजन नहीं ले पाते हैं।

डिब्बाबन्द दूध पाउडर या आहार

डिब्बाबन्द दूध पाउडर का उपयोग, जब किसी भी तरह का प्राकृतिक दूध उपलब्ध न हो तभी करना चाहिए, क्योंकि यह दूध विशेष गुणकारी नहीं होता। इसी तरह डिब्बा बन्द आहार की जगह घर में बनी वस्तुएँ बच्चों को खिलाएँ, वह बेहतर है। क्योंकि डिब्बा बन्द आहार महँगे भी पड़ते हैं तथा उनकी गुणवत्ता भी संदिग्ध रहती है। ताजा आहार बच्चों के लिए ठीक रहते हैं। अतः थोड़ी-सी मेहनत कर बच्चों के लिए स्वयं आहार तैयार करें।

बच्चे को पर्याप्त भोजन मिल रहा है कि नहीं, इसके लिए बच्चे का प्रत्येक महीने वजन लिया जाना चाहिए (वजन तालिका देखें)। पहले चार महीनों में बच्चे का वजन जन्म के वजन से दुगुना हो जाना चाहिए। यदि ऐसा नहीं होता है तो बच्चे को पर्याप्त आहार नहीं मिल रहा है—यह मानें।

समय पूर्व पैदा होने वाले शिशुओं का आहार

चूँकि ऐसे शिशु पूरे नौ महीने माँ के गर्भ में नहीं रहते, अतः उनका सम्पूर्ण विकास ठीक तरह से नहीं हो पाता। इन शिशुओं का वजन सामान्य से बहुत कम होता है एवं मांसपेशियाँ भी विकसित नहीं होतीं और शरीर पर चर्बी नाम मात्र होती है। अतः इनकी त्वचा ढीली या लटकी हुई दिखती है। इनकी हड्डियाँ भी विकसित नहीं हो पाती हैं तथा आमाशय छोटा होने की वजह से ये ज्यादा भोजन मुँह द्वारा नहीं ले पाते हैं और भोजन ठीक से पचता भी नहीं है। वसा पचाने में भी ऐसे शिशुओं को कठिनाई होती है। अतः इनका पोषण बहुत सावधानीपूर्वक करना चाहिए।

समय पूर्व पैदा होने वाले बच्चे कई बार माँ के स्तनों द्वारा दूध भी नहीं पी पाते हैं। तब इन्हें ड्रापर द्वारा धीरे-धीरे दूध पिलाना चाहिए। शुरू में दूध की मात्रा प्रत्येक आधा घंटे में आधा चम्मच फिर बढ़ाकर हर दो घंटे में एक बड़े चाय के चम्मच तक करनी चाहिए। दूध को चर्बी रहित करके देना उचित होता है। उसे पानी मिलाकर कुछ पतला भी किया जा सकता है। पाउडर का दूध उसके डिब्बे पर बतलाई विधि के अनुसार बनाकर दें। इसके बाद धीरे-धीरे वे सब तरह के आहार जो शिशुओं को ऊपर बतलाए गए हैं, शुरू करना चाहिए। ऐसे बच्चों को अतिरिक्त विटामिन ए, डी और सी की जरूरत होती है जो उन्हें चिकित्सक को दिखलाकर उसकी सलाह से देना चाहिए। उसे उबला पानी भी खूब पिलाएँ।

तालिका-31

तीन से पाँच वर्ष के बच्चों को देने के लिए आहार

समय	भोजन	मात्रा
प्रातः 8-9 बजे	पकाए गए अनाज या दाल से बने अनाज अथवा इडली अथवा मक्खन-डबलरोटी अथवा दूध के साथ साबुत फूला हुआ मडुवा, थोड़ा उबला, फेंटा अथवा तला हुआ अंडा अथवा उबली हुई दालें उबला हुआ दूध (गाय, भैंस)	2-3 चम्मच 1-2 इडलियाँ 1-2 डबलरोटी थोड़ा-सा एक अंडा एक चम्मच आधा गिलास
प्रातः 10.30 बजे	फलों का रस अथवा मौसम के अनुसार ताजा फल	आधा गिलास एक
दोपहर 12-1 बजे	पके हुए चावल अथवा गेहूँ या मडुवे की रोटी उबला आलू, शकरकन्द या टेपियोका (कभी-कभी) दही या दूध पकी हुई हरी पत्तेदार या हरी सब्जियाँ अथवा सप्ताह में तीन बार पकी हुई सब्जियों के स्थान पर कच्ची सब्जियों का सलाद	2-4 चम्मच 1-2 रोटी थोड़ा-सा भाग आधा गिलास 1-2 चम्मच डेढ़ या दो चम्मच
शाम 3-4 बजे	उबला हुआ दूध (गाय, भैंस) मछली का तेल	आधा गिलास 1 चाय का चम्मच
रात 7-8 बजे	सूजी, दलिया अथवा मडुवे का पथ्य उबली हुई दाल, मछली या मांस उबला हुआ दूध (सोते समय)	2-3 चम्मच 2 चम्मच आधा गिलास

बड़े बच्चों का आहार

एक से तीन वर्ष के बच्चों का भोजन–एक वर्ष का बच्चा अधिक कड़े और चबाने वाले आहार नहीं ले सकता, अतः उसे अपेक्षाकृत कुछ नर्म भोजन देना चाहिए। साथ ही जितना सम्भव हो गाय या भैंस का दूध (बगैर पानी मिलाए) दिया जा सकता है। इसकी मात्रा एक पाव से तीन पाव तक हो सकती है। घर में बना दाल-चावल, रोटी, सब्जी (कम मिर्च-मसालेदार) भी उसे दिए जा सकते हैं। इसके साथ ही मौसमी पके फल तथा टमाटर, गाजर के छोटे-छोटे टुकड़े (घिसकर) भी उसे चबाने के लिए दे सकते हैं। इससे उसके दाँतों का व्यायाम भी होगा और उसे विटामिन्स तथा खनिज लवण भी प्राप्त हो सकेंगे।

अच्छे किस्म के प्रोटीन वाले बिस्किट भी उसे खिलाए जा सकते हैं। चने या मूँगफली के व्यंजन भी उसे दिए जा सकते हैं। जैसे गुड़ की पट्टी उसे दें।

तीन से पाँच वर्ष के बच्चों का आहार–तीन से पाँच वर्ष तक के बच्चे वे सभी आहार ले सकते हैं जो एक वयस्क व्यक्ति लेता है। अतः इनके भोजन की विशेष समस्या नहीं है। लेकिन यह ध्यान रखना होगा कि वे भोजन सन्तुलित रूप में लें। उनके आहार में दूध अथवा अंडे, दाल, चावल, रोटी के साथ फल और हरी सब्जी हो। यह न हो कि वे दिन भर केवल चाकलेट, बिस्किट या टॉफी खाते रहें वरना इन आदतों से भी वे कुपोषणग्रस्त हो सकते हैं। अतः उनके अभिभावकों को यह ध्यान रखना होगा।

कई बार खाने में एकरसता से भी बच्चों में खाने के प्रति अरुचि उत्पन्न हो जाती है। अतः उन्हें मूँगफली, तिल, चना, गुड़ इत्यादि चीजों से बने पौष्टिक व्यंजन बनाकर खिलाए जा सकते हैं।

साफ-सफाई का ध्यान रखा जाना भी जरूरी होता है। बच्चों के नाखून कटे हुए हों, खाने के पूर्व हाथ साबुन से अच्छी तरह धोए गए हों, खाना ताजा हो। यदि खाना कुछ देर रखना हो तो ढँककर रखा जाए तथा ठंडे स्थान में रखें। ताकि उसमें हानिकारक कीटाणु उत्पन्न न हो।

मूँगफली, नारियल तथा सोयाबीन से दूध तैयार करने की विधि

मूँगफली का दूध

1. ताजी मूँगफलियाँ लीजिए। छिलके उतार दें, खराब, सिकुड़ी अथवा सड़ी हुई मूँगफलियों का प्रयोग कभी न करें।
2. धीमी आँच पर 5-10 मिनट तक उन्हें भूनिए। दानों के ऊपर की गुलाबी छाल निकाल दें।
3. एक कप दानों को साफ पानी में दो घंटे तक भिगोकर रखें। उसके बाद पानी को फेंक दें। भीगे हुए दानों को चक्की अथवा ग्राइंडर में पीसकर लेप सा तैयार कर लें। आवश्यकता पड़े तो थोड़ा पानी मिला लें।

4. इस लेप में तीन कप गुनगुना पानी डालें। पाँच मिनट तक लगातार तेजी से हिलाते जाएँ। इस द्रव्य को एक कपड़े में छान लें और इस दूधिया तरल को इकट्ठा कर लें।
5. सुगन्ध सुधारने के लिए हिलाते हुए इसे उबालें। साफ और बन्द बर्तन में यह आठ-दस घंटे सुरक्षित रह सकता है। ठंडे दूध के ऊपर जमी चर्बी की परत को उतार लें।

नारियल का दूध

1. एक पके हुए नारियल को छीलें। कच्चे नारियल का प्रयोग भी किया जा सकता है, परन्तु उसका स्वाद उतना बढ़िया नहीं होता।
2. उसमें आधा कप गर्म पानी डालें और दबा दें। दूधिया पानी को एकत्र कर लें।
3. बचा हुआ आधा कप पानी फिर से उस पर डालें। फिर दबाएँ। इस पानी को भी इसी विधि से निकाले गए पानी में मिला दें।
4. कुछ समय तक इस दूध को उबालें। फिर एक कपड़े से छान लें।

सोयाबीन का दूध

1. ऐसे सोयाबीन जिनका रंग बिगड़ गया हो अथवा जो खराब हो चुके हों प्रयोग में न लाएँ। साफ दानों को दो बार ठंडे पानी में धोएँ।
2. एक कप सोयाबीन को चार कप पानी में पूरी रात भिगोए रखें।
3. उस पानी को फेंक दे और दानों को दोबारा ताजे पानी से साफ करें।
4. उनमें एक चुटकी भर मीठा सोडा डालकर किसी चक्की आदि में पीसें और दो कप उबला हुआ पानी डालकर एक लेप-सा तैयार कर लें।
5. एक कप उबला हुआ पानी और डालकर दूध को कपड़े में छान लें। और इस दूधिया पानी को एकत्र कर लें।
6. सुगंध के लिए इसे खूब अच्छी तरह से उबालें। चाहें तो स्वाद के लिए दो इलायची डाल दें।

7

छोटे शिशुओं के आहार में सावधानियाँ

चूँकि बच्चे शीघ्र ही कुपोषण के शिकार हो जाते हैं। अतः उनके आहार में जन्म से ही हमें सावधानियाँ रखनी चाहिए। थोड़ी-सी भी लापरवाही आपके शिशु के लिए खतरनाक हो सकती है। बहुत से बच्चे गरीबी के कारण नहीं बल्कि जानकारियों के अभाव या गलत मान्यताओं के कारण कुपोषण ग्रस्त बनते हैं। अतः एक माँ को अपने शिशु या बच्चे की आहार सम्बन्धी आवश्यकताओं की पूरी जानकारी होनी चाहिए साथ ही उसे स्वयं भी पर्याप्त सन्तुलित भोजन लेना चाहिए।

छह माह से कम उम्र के शिशु की प्रायः आहार सम्बन्धी जरूरतें माँ के पर्याप्त मात्रा में मिलने वाले दूध से पूर्ण हो जाती हैं। शिशु को अपने वजन के प्रत्येक किलो के हिसाब से 120 कैलोरी और दो-तीन ग्राम प्रोटीन के अलावा विटामिन्स और खनिज लवण भी चाहिए होते हैं। अगर माँ का दूध पर्याप्त मात्रा में उपलब्ध होता है तो ये सभी आवश्यकताएँ पूरी हो जाती हैं क्योंकि एक माँ औसतन 600 मिली लीटर दूध का निर्माण प्रतिदिन करती है जिससे शिशु को लगभग चार सौ कैलोरी मिल जाती है (मानव दूध के प्रति 100 ग्राम से लगभग 65 कैलोरी प्राप्त होती है)।

छह माह के बाद स्तनों द्वारा निकलने वाले दूध की मात्रा क्रमशः कम हो जाती है जबकि शिशु की आहार सम्बन्धी जरूरतें बढ़ जाती हैं। दी गई तालिका के अनुसार एक वर्ष के शिशु को 800 कैलोरी ऊर्जा और 13 ग्राम के लगभग प्रोटीन चाहिए। जबकि एक वर्ष की आयु तक शिशु के पहुँचते-पहुँचते माँ के दूध से अधिकतम 300 कैलोरी ऊर्जा और पाँच ग्राम प्रोटीन मिलता है जो कि शिशु के लिए पर्याप्त नहीं होता।

उपर्युक्त कारणों से ही डॉक्टर और आहार विशेषज्ञ शिशु को चार महीने की उम्र से ही पूरक आहार प्रारम्भ करने की सलाह देते हैं लेकिन भारत जैसे देश में एक वर्ष तक स्तन-पान कराने की सलाह फिर भी दी जाती है। ताकि उसे बहुमूल्य प्रोटीन्स, विटामिन और अन्य पोषक तत्त्व भले कम मात्रा में मिलें, लेकिन एक सीमा तक तो उसकी जरूरतें पूरी होती रहेंगी।

अब प्रश्न उठता है कि हमें यह पता कैसे चले कि शिशु को पर्याप्त पोषण अथवा आहार मिल रहा है, तो इस तथ्य का पता हम शिशु का वजन लेकर कर सकते हैं।

यदि शिशु या बच्चे का उम्र के हिसाब से वजन सही है तो हमें मानना चाहिए कि उसे पोषक आहार पर्याप्त मात्रा में मिल रहे हैं। इस प्रकार शिशु के पोषण का सही सूचक उसका वजन होता है।

जन्म के वक्त भारतीय शिशु का औसतन वजन 2.8 किलो पाया गया है। पाँच माह पूर्ण होने पर शिशु का वजन जन्म के वजन से दुगुना (पाँच किलो से ऊपर) और एक वर्ष का होने पर तीन गुना हो (आठ किलो लगभग) जाता है। शिशु का वजन लेकर हम वजन तालिका से तुलना करके पोषण स्थिति जान सकते हैं। एक बात और जान लेनी चाहिए कि एक वर्ष तक के बच्चे या बच्ची को शिशु कहा जाता है और एक वर्ष से ऊपर को बच्चा कहा जाता है।

तालिका-32

शिशुओं और बच्चों की ऊर्जा और प्रोटीन सम्बन्धी आवश्यकताएँ

आयु वर्ग	वजन (किलो)	ऊर्जा (कैलोरी)	प्रोटीन (ग्राम)
जन्म से 6 माह	3-7	600	11
6 से 1 वर्ष	7-9	800	13
1 से 3 वर्ष	9-13	1200	18
4 से 6 वर्ष	15-17	1500	22
7 से 9 वर्ष	18-21	1800	33
10 से 12 वर्ष	23-28	2400	41

स्तनपान बन्द करने में सावधानियाँ

यहाँ एक बात समझ लेनी चाहिए कि माताओं को स्तनपान एकदम से बन्द नहीं करना चाहिए इसे क्रमशः बन्द करना चाहिए। वैसे कई बार एकदम से स्तनपान बन्द करना सम्भव भी नहीं होता है।

जैसा कि विदित है कि चार से छह माह पश्चात जो वृद्धि होती है उसके लिए शिशु को माँ का दूध पर्याप्त नहीं होता। इसके अलावा छह महीनों के बाद माता के दूध की मात्रा बढ़ने की बजाय कम होने लगती है। इसलिए शिशु को पूरक आहार देना चाहिए। भारत जैसे देश में स्तनपान छह माह के पूर्व बन्द न करें, इसे छह माह के पश्चात् धीरे-धीरे बन्द करना चाहिए। लेकिन साथ ही शिशु को पूरक आहार भी देने शुरू करना चाहिए।

पूरक आहारों में गाय का दूध, फलों का रस, केले, चावल, दलिया, दाल का पानी, नरम सब्जियाँ, उबले नरम आलू इत्यादि दे सकते हैं। यदि पूरक आहार दिए बगैर माँ का दूध बन्द कर दिया जाए तो बच्चे के कुपोषित होकर कई खतरनाक रोगों जैसे सूखा रोग से ग्रस्त होने की सम्भावनाएँ होती हैं।

यहाँ एक बात और ध्यान देने योग्य है कि स्वयं माताओं को भी उचित पौष्टिक आहार पर्याप्त मात्रा में लेना चाहिए। तभी वे अपने शिशु को भी पर्याप्त मात्रा में दूध

शिशु को अधलेटी अवस्था में दूध पिलाएँ

बच्चे को बोतल और निपिल की बजाय चम्मच और कटोरी से दूध पिलाएँ

पिला सकेंगी। क्योंकि स्तन्यकाल में स्त्री की भी आहार सम्बन्धी जरूरतें बढ़ जाती हैं। अतः उसे भी पर्याप्त मात्रा में दूध, फल एवं हरी सब्जियाँ इत्यादि खाना चाहिए। नीचे दी गई तालिका के अनुसार महिलाओं का भोजन होना चाहिए।

तालिका-33

गर्भावस्था और स्तन्यकाल में पोषण

	सामान्य महिला	गर्भावस्था	स्तन्यकाल
कैलोरी	1200	1300	+550
प्रोटीन (ग्रा.)	45	55	65
कैलशियम (कि.ग्रा.)	400-500	1000	1000
लौह (कि.ग्रा.)	20	40	30
विटामिन ए (मि.ग्रा.)	750	750	400
विटामिन डी (मि.ग्रा.)	25	10	10
विटामिन (कि.ग्रा.)	10	125	15
थाममिन (कि.ग्रा.)	1.0	1.25	1.5
रिबोफ्लेबिन	11	15	18
नियासिन	125	150	180
विटामिन सी (मि.ग्रा)	80	100	120
फालिक एसिड (मि.ग्रा.)	100	300	150
विटामिन बी-12 (मि.ग्रा.)	1	1	1

शिशुओं को आहार देते वक्त सावधानियाँ

1. यदि ऊपरी दूध देना हो तो चम्मच कटोरी से पिलाएँ न कि कृत्रिम निपिल वाली बॉटल से। क्योंकि इसके द्वारा शिशु के पेट में संक्रामक रोगों के कीटाणु पहुँच सकते हैं जिससे बच्चे को दस्त लगते हैं।
2. दूध या आहार देने के लिए बच्चे को लिटाएँ नहीं, इससे उसके फेफड़ों में दूध या आहार भर सकता है। अतः उसे थोड़ा-सा उठाकर रखें।
3. शिशु को थोड़े-थोड़े समय के अन्तर से कई बार दूध पिलाएँ। ताकि वह भूखा न रहे।
4. यदि माँ को दूध पिलाने से शिशु को लगातार दस्त और अपच की शिकायत हो तो शिशु रोग विशेषज्ञ से मिलें क्योंकि कभी-कभी माँ के दूध से भी शिशु को ये शिकायतें हो सकती हैं।
5. शिशु को ठोस आहार देने में कोई समस्या हो तो चिकित्सक से सम्पर्क करें।
6. शिशु को दस्त और उल्टियाँ हो रही हैं तो उबला पानी भी पिलाएँ।
7. शिशु को माँ का दूध नहीं मिल पा रहा तो चार माह बाद उसे मुलायम ठोस पूरक आहार शुरू कर दें।

8

कैसे बनाएँ और उपयोग करें, जीवन रक्षक घोल

शरीर में जल की कमी के कारण ही देश में प्रतिवर्ष लाखों बच्चों और बड़ों की जानें जाती हैं। मानव शरीर में जल की मात्रा पूरे जल का लगभग 70% होती है, वयस्क व्यक्ति की प्रतिदिन दो से लेकर तीन लीटर तक पानी की जरूरत होती है, कुछ विशेष परिस्थितियों में शरीर में पानी की कमी हो जाती है।

पानी की कमी के कारण

शरीर में पानी की कमी के प्रमुख कारण हैं–उल्टी एवं दस्त के लक्षण वाले रोग जैसे–आंत्रशोध जिसे अँग्रेजी में ग्रेस्ट्रोएन्ट्राइटिस भी कहते हैं। इसी तरह बासी भोजन, विषाक्तता या फुड पॉयजनिंग में भी रोगी को कै-दस्त होते हैं, जिससे शरीर में पानी की कमी हो जाती है। कुछ बीमारियाँ जैसे–लू लगना, तेज बुखार इत्यादि में भी शरीर में निर्जलीकरण की स्थिति बन सकती है। लेकिन शरीर में पानी की कमी का प्रमुख कारण दस्त एवं उल्टियाँ होना ही है।

शरीर में पानी की कमी से क्या खतरा हो सकता है ?

पानी की कमी से रोगी के जीवन तक को बड़ा खतरा उत्पन्न हो जाता है। आपको यह जानकर आश्चर्य होगा कि दुनिया में 40 हजार बच्चे प्रतिदिन केवल पानी की कमी के कारण मौत के मुँह में चले जाते हैं। इसी तरह हमारे देश में प्रतिवर्ष लगभग 15 लाख दस्त एवं उल्टी की बीमारी के कारण पानी की कमी से ग्रस्त होकर मृत्यु को प्राप्त होते हैं। पानी की कमी की समस्या केवल बच्चों में ही नहीं, बड़ों में भी घातक होती है। अतः इसका इलाज शीघ्र करवाना बेहतर रहता है, वरना यह स्थिति जानलेवा सिद्ध होती है।

पानी की कमी अथवा निर्जलीकरण की पहचान क्या है ?

शरीर में पानी की कमी के लक्षण हैं–मुँह सूखना, आँखों का धँस जाना, पेशाब कम और पीले रंग का होना, त्वचा ठंडी एवं झुर्रियाँ युक्त हो जाना, शरीर का तापमान कम

हो जाना, छोटे बच्चों में खोपड़ी के ऊपर का कोमल हिस्सा अन्दर धंस जाना भी निर्जलीकरण का एक लक्षण है, रोगी का मुँह सूखता है और वह बार-बार पानी की माँग करता है।

निर्जलीकरण से ग्रस्त रोगी के पेट की चमड़ी को चुटकी में दबाकर छोड़ें तो, वह धीरे-धीरे अपनी सामान्य अवस्था में लौटती है जबकि स्वस्थ व्यक्ति में चमड़ी को चुटकी में दबाकर छोड़ने पर वह एकदम यथास्थिति में आ जाती है। शरीर डिहाइड्रेशन वाला रोगी चिकित्सा के अभाव में बेहोश हो जाता है और शॉक या सदमे की स्थिति में भी पहुँच सकता है। अतः ऐसे रोगी को तुरन्त नजदीक के अस्पताल में ले जाना चाहिए। लेकिन इसके पूर्व जीवन रक्षक घोल पिलाना शुरू कर देना चाहिए।

डिहाइड्रेशन का सही इलाज क्या है?

चिकित्सा विशेषज्ञों की राय में शरीर में पानी की कमी को दूर करने के लिए पानी एवं खनिज लवणों की पूर्ति जीवन रक्षक घोल पिलाकर की जा सकती है। यह यथा नाम तथा गुण है, जीवन रक्षक। घोल निर्जलीकरण की समस्या से निपटने के लिए बहुत ही उपयोगी साबित हुआ है, इससे दुनिया में प्रतिवर्ष लगभग तीस लाख बच्चों एवं वयस्क रोगियों की जानें बचाई जा रही हैं। विश्व स्वास्थ्य संगठन जीवन रक्षक घोल के प्रसार एवं प्रचार पर कई वर्षों से विशेष ध्यान दे रहा है। जीवन रक्षक घोल को ओ.आर.एस. भी कहा जाता है। रिहाइड्रेशन का मतलब है शरीर में पानी की कमी को दूर करने वाली चिकित्सा और इस चिकित्सा में जीवन रक्षक घोल सफल साबित हुआ है।

घर में जीवन रक्षक घोल बनाने की सरल विधि

जीवन रक्षक घोल या ओ.आर.एस. क्या है?

जैसा कि बतलाया जा चुका है कि शरीर में निर्जलीकरण दूर करने के लिए पानी के

साथ ही आवश्यक खनिज लवणों को भी शरीर में पहुँचाते हैं, क्योंकि दस्त एवं उल्टी की बीमारी में पानी के साथ जरूरी खनिज लवण जैसे नमक, पोटेशियम इत्यादि भी निकल जाते हैं। जीवन रक्षक घोल के एक पैकेट में 20 ग्राम ग्लूकोज, साढ़े तीन ग्राम नमक, ढाई ग्राम खाने का सोडा एवं डेढ़ ग्राम पोटेशियम क्लोराइड होता है।

पूरे पैकेट को पाँच गिलास शुद्ध पानी अथवा एक लीटर पानी में पूरा-पूरा घोलते हैं, यह तैयार घोल तब तक थोड़ा-थोड़ा पिलाते हैं जब तक रोगी के शरीर में पानी की कमी दूर नहीं हो जाती। सम्भव हो तो घोल बनाने के लिए नल का पानी उबाल लें, यदि देर लगे तो पानी बगैर उबाले प्रयोग कर सकते हैं।

जीवन रक्षक घोल की कितनी मात्रा पिलाना जरूरी है ?

वयस्क रोगी को जीवन रक्षक घोल तीन से लेकर चार लीटर तक पिला सकते हैं, जबकि छह माह के शिशु को दो से तीन पाव तक एवं आठ वर्ष के बच्चे को चार से पाँच पाव तक जीवन रक्षक घोल पिलाया जा सकता है, इसके बावजूद यदि बच्चा या वयस्क रोगी और भी घोल पीने की इच्छा व्यक्त करे तो उसे कुछ मात्रा और दी जा सकती है। पलकों में सूजन आने लगे तो घोल पिलाना बन्द कर देना चाहिए। पी./सी. जीवन रक्षक घोल के पैकेट कई नामों से मेडीकल स्टोर्स में भी उपलब्ध रहते हैं। जैसे रेलाइट, इलेक्ट्रॉल, स्पीडोराल इत्यादि।

यदि जीवन रक्षक घोल किसी कारण वहाँ उपलब्ध न हो तो क्या घरेलू वस्तुओं से तैयार किया जा सकता है ?

घरेलू जीवन रक्षक घोल

हाँ, इसे घरेलू चीजों से घर पर भी तैयार कर सकते हैं, इसके लिए एक लीटर शुद्ध साफ पानी में आठ चम्मच शक्कर, एक छोटा चम्मच नमक, एक छोटा चम्मच मीठा सोडा या खाने का सोडा मिलाते हैं। यदि उपलब्ध हो तो आधा नीबू भी इसमें डाल सकते हैं। यह ध्यान रखना चाहिए कि मिश्रण अधिक खारा न हो जाए।

इसी घोल को केवल एक गिलास बनाने के लिए एक पाव पानी, दो उँगलियों की चुटकी से भरकर नमक मिलाएँ फिर एक चम्मच शक्कर घोलें, यदि शक्कर न हो तो गुड़ से भी काम चल सकता है। पानी की शुद्धता पर शंका हो तो उसे उबाल ले, यदि घर में नीबू और खाने का सोडा भी न हो तो, इसे मिलाए बिना भी काम चल सकता है, इस तरह जीवन रक्षक घोल घर में बनाना आसान है। वैसे सम्भव हो तो प्रत्येक घर में जीवन रक्षक घोल के दो तीन पैकेट अवश्य रखे जाएँ जो वक्त पर काम आ सकें। एक बात का भी ध्यान रखना जरूरी है कि इन पैकेटों का उपयोग करने की अवधि के भीतर ही प्रयोग करना चाहिए। अवधि निकल जाने पर इन्हें अलग कर देना चाहिए।

इस तरह यदि सही वक्त पर जीवन रक्षक घोल रोगी को पिलाया जाए तो उसकी जान का खतरा टल सकता है।

9

फल, सब्जियाँ एवं रसाहार तथा कुछ विशेष पौष्टिक खाद्य

प्राकृतिक रूप से तैयार फल (कीटाणुनाशकों रहित) प्रकृति के उपहार ही हैं। चाहे वह सस्ता अमरूद हो, तरबूज, खरबूज हो या आम हो, आँवला हो, पपीता हो या चीकू, और महँगे फल सेब हो या लीची। सब में कोई न कोई उपयोगी विटामिन, खनिज और शर्करा विद्यमान होती है। सेब के बारे में तो कहा गया है—"Eat an apple a day keep the doctor away". अर्थात् रोज एक सेब खाएँ और डॉक्टर को दूर रखें। इसी तरह पपीते के बारे में कहा गया—रोज जो पपीता खाए, उस घर वैद्य न जाए। विटामिन 'सी' की अधिकता के कारण आँवला के भी बहुत गुण गाए गए हैं। केले में विटामिन बी, सी तथा कैल्शियम पाया जाता है।

प्रायः सभी फल विटामिन से भरपूर और पचने में आसान होते हैं। अतएव रोगी व्यक्तियों को भी इन्हें खाने की सलाह दी जाती है, लेकिन यदि स्वस्थ व्यक्ति भी इनका प्रतिदिन सेवन करे तो शायद वह बीमार भी न पड़े।

यह बात अब सिद्ध हो चुकी है कि फलों में विटामिन 'सी' तथा कई एन्टीआक्सीडेंट होते हैं जो व्यक्ति को जल्दी बूढ़ा नहीं होने देते। फल शरीर को पोषक तत्त्व देने के साथ ही उसकी सफाई भी करते हैं। नीबू तथा आँवले में विटामिन 'सी' होता है। अमरूद में भी अच्छी मात्रा में विटामिन 'सी' होता है, आम और पपीते में विटामिन-ए होता है सीताफल में विटामिन बी-1, बी-2 तथा नियासिन होता है। अब फल खाने के पूर्व इनके सम्बन्ध में कुछ सावधानियों को जानिए—

1. फलों को उपयोग के पूर्व खूब अच्छी तरह धो लीजिए। इससे मिट्टी, खाद या कीटनाशकों का प्रयोग उन पर हो तो वह धुल जाता है।
2. फलों का छिलका यदि खाने योग्य है तो उसको उतारें नहीं। जैसे कि चीकू, सेब, नाशपाती इत्यादि। लेकिन जिन फलों के छिलके खाए नहीं जा सकते उन्हें अलग करना जरूरी होता है। जैसे तरबूज, खरबूज, केले इत्यादि।
3. मौसमी फलों का ही प्रयोग अधिकतर मामलों में करना चाहिए। क्योंकि महीनों कोल्ड स्टोरेज में रखे फलों में ताजे फलों जैसे गुण नहीं रह जाते हैं, वे महँगे भी होते हैं। फलों को काटने के बाद तुरन्त खाना चाहिए। यदि कोई रोगी या

स्वस्थ व्यक्ति पर्याप्त फलों का सेवन नहीं कर सकता तो वह फलों के रस (जैसे—अनार, संतरा, सेब, अनानास इत्यादि) का सेवन भी कर सकता है, लेकिन रस ताजा निकाला हुआ होना चाहिए। डिब्बे या बोतल बन्द रस नहीं, क्योंकि इनमें एसिड और प्रीजरवेटिव्स मिलाकर उसे विकृत कर दिया जाता है। ऐसे बोतल बन्द या डिब्बों के रस से उतने विटामिन्स इत्यादि भी प्राप्त नहीं हो पाते।

हाँ, रसों के सेवन से रेशों (फाइबर) की मात्रा जरूर नहीं पहुँचती है। जबकि पाचन संस्थान के लिए रेशों की मात्रा भी आवश्यक होती है। लेकिन यदि हरी सब्जियाँ पर्याप्त मात्रा में खाई जाएँ तो रेशों की कमी पूरी हो जाती है।

हरी सब्जियाँ एवं सलाद

हरी सब्जियाँ विशेषकर पत्तेदार भाजियाँ, फलों से कम गुणकारी नहीं हैं। विभिन्न प्रकार के विटामिन्स और लोहा, ताँबा, कैल्शियम इत्यादि खनिज लवणों का ये अच्छा और सस्ता स्रोत हैं। अतः गोलियों के रूप में ये आवश्यक तत्त्व न लेकर हरी सब्जियों के रूप में लेने को प्राथमिकता देनी चाहिए। क्योंकि प्राकृतिक रूप में विटामिन एवं खनिजों का उपयोग शरीर ज्यादा अच्छे से कर पाता है और उनके दुष्प्रभाव भी शरीर पर नहीं होते।

लेकिन आजकल कृत्रिम खाद एवं विषैले कीटनाशक रसायनों के अन्धाधुन्ध प्रयोग से उगाई गई हरी सब्जियाँ फायदे की बजाय नुकसान भी कर सकती हैं। अतः सब्जियाँ, सलाद खरीदने एवं खाने से पूर्व कुछ सावधानियाँ भी जरूरी है, जैसे—

1. सब्जी-सलाद को काटने से पूर्व नल की तेज धार में अच्छी तरह से धोएँ। चाहे तो कुछ देर पानी में डालकर रखें इससे सतह पर लगी मिट्टी, कीटनाशक आदि धुल जाएँगे। कीड़े वगैरह भी अलग हो जाएँगे।
2. सब्जियों को प्रेशर कुकर में या ढँककर पकाएँ तथा उनका पानी फेंके नहीं। उसे भी इस्तेमाल करें क्योंकि असली विटामिन और खनिज इसी में होते हैं।
3. मौसमी सब्जियाँ ही खाएँ, बेमौसम की सब्जियाँ, कृत्रिम खाद और कीटनाशकों द्वारा उगाई जाती हैं जो महँगी होने के साथ-साथ गुणकारी होने की जगह हानिकारक हो सकती हैं, जबकि मौसमी सब्जियाँ अपेक्षाकृत सस्ती होती हैं।
4. मुलायम खाने योग्य छिलके वाली सब्जियों के छिलके न उतारें क्योंकि इनमें विटामिन्स, लवणों की मात्रा अधिक होती है। जैसे—खीरा, गाजर इत्यादि।
5. हरी सब्जियों को बहुत देर तक उबालने, तलने, भूनने से भी उनके विटामिन नष्ट हो जाते हैं। अतः इनमें यथा विधि पकने पर भी ध्यान दें, इन्हें प्रेशर कुकर में उबालें।
6. जहाँ तक सम्भव हो कच्ची खा सकने वाली सब्जियों का प्रयोग सलाद के रूप में अधिक से अधिक करें। जैसे—पालक के पत्ते, चुकन्दर, गाजर, मूली, टमाटर,

तालिका-34 : हरी पत्तेदार सब्जियों में विटामिन और खनिज पदार्थ

विटामिन स्रोत	परम्परागत	पालक			सेंजन की	सरसों का साग	मेथी		एक वयस्क पुरुष के लिए प्रस्तावित
			अंलान पुष्प	अरबी	पेत्तियाँ		मेथी		दैनिक भत्ता
				प्रति 100 ग्राम हरी सब्जी में मात्रा					
विटामिन ए (माइक्रोग्राम)	गाजर	1,800	5,600	5,500	10,000	7,000	1,300	2,300	750
	घी	1,600							
	पपीता	660							
विटामिन बी ग्रुप (माइक्रोग्राम)	अंडा	1,800							
	मांस	800	800	1,500	1,600	1,000	900	1,150	25
	पपीता	500							
विटामिन सी (मिलीग्राम)	आँवला	600							
	नीबू का रस	40	30	100	12	220	60	50	40
	पपीता	50							
कैल्शियम (मिलीग्राम)	रागी	350							
	झींगा (मछली)	300							
	पांफ्रेट (मछली)	200	70	400	220	450	370	400	450
	दूध	200							
लोहा (मिलीग्राम)	कलेजी	6							
	सारडिन (मछली)	6	10	25	10	7	12	17	24
	बकरे का मांस	3							

प्याज, पत्ता गोभी जैसी सब्जियों को कच्चा खाया जा सकता है। स्वाद के लिए इनमें धनियाँ पत्ती, हरी मिर्च तथा नीबू का रस डाला जा सकता है।

नए शोधों के अनुसार भोजन में फाइबर अथवा रेशों की मात्रा आँतों के कैंसर से रक्षा करने में सहायक होती है। टमाटर और गाजर भी सभी तरह के कैंसर से बचाव करती है। एक बात और है कि रेशेयुक्त आहार लेने से कब्ज की शिकायत नहीं होती। इस तरह हरी सब्जियाँ और सलाद लेने के फायदे ही फायदे हैं। चूँकि इनमें ज्यादा कैलोरीज या शर्करा की मात्रा नहीं होती, अतः इन्हें मधुमेह रोगी भी खूब खा सकते हैं और मोटे व्यक्ति भी इनका भरपूर उपयोग कर सकते हैं।

सब्जियों का सूप

ताजा बनाया सूप जो टमाटर का हो या कई तरह की हरी सब्जियों का, बहुत ही उपयोगी है। इसमें विटामिन और खनिजों की पर्याप्त मात्रा तो होती ही है साथ ही ये पचने में भी आसान होते हैं। सूप में भी नीबू का रस मिलाकर उसका स्वाद और गुण दोनों बढ़ाए जा सकते हैं। रोगी व्यक्तियों के लिए भी सूप एक अच्छा आहार है। जो पाचन तंत्र पर बगैर ज्यादा बोझ डाले, खनिज लवणों, विटामिन इत्यादि की कमियों को पूरा कर सकता है। टमाटर का सूप स्वादिष्ट होने के साथ ही बहुत गुणकारी होता है। अतः अपने आहार में इन्हें स्थान दिया जा सकता है।

रसाहार और रोग निवारण

यह बात सभी जानते हैं कि फलों और सब्जियों के रस अत्यन्त गुणकारी होते हैं। ये विटामिन्स और खनिजों से भरपूर होने के साथ शरीर की सफाई एवं विजातीय द्रव्यों को बाहर करने में सक्षम होते हैं।

आयुर्वेद में भी रसाहार को अत्यन्त महत्त्व दिया गया है। प्राकृतिक चिकित्सा में रसाहार को विशेष स्थान प्राप्त है। अलग-अलग तरह के रोगों में अलग-अलग फलों और सब्जियों का रस दिया जाता है। करेला, जामुन या लौकी का रस स्वाद में अच्छा नहीं होता लेकिन इनके फायदे बहुत हैं। संक्षेप में रस लेने से निम्नलिखित लाभ होते हैं–

1. रस की कम मात्रा में अधिक विटामिन्स और खनिज आसानी से प्राप्त होते हैं।
2. रोगी भी इसे सरलता से ले सकते हैं।
3. कम समय में लिया जा सकता है। जबकि फलों और सब्जियों को खाने में समय लगता है।
4. कुछ सब्जियाँ तो लोग कच्चे रूप में भी खा नहीं सकते। उदाहरणार्थ, करेले का रस तो कैसे भी पिया जा सकता है लेकिन करेले को कच्चा शायद ही कोई खा सके।

5. रसाहार से शरीर में पानी और खनिजों की कमी नहीं होने पाती एवं ये त्वचा को स्निग्ध रखते हैं, साथ ही ये चेहरे की कांति या सौन्दर्य बढ़ाने में भी सहायक होते हैं। इनसे ऊर्जा भी प्राप्त होती है।
6. रसाहार कई रोगों में फायदा करता है—जैसे दस्त, उल्टी में संतरे का रस शरीर में पानी की कमी की पूर्ति करता है। मधुमेह के रोगी को जामुन तथा करेले का रस फायदा पहुँचाता है।

स्वास्थ्यप्रद आहार—फल और हरी सब्जियाँ

फल शर्करा और विटामिनों के स्रोत हैं, इनको प्रतिदिन के भोजन में अवश्य शामिल करें

हरी सब्जियाँ खनिजों और विटामिनों से भरपूर होती हैं, अतः इनका प्रयोग करें

इस तरह रसाहार के फायदे ही फायदे हैं। लेकिन कुछ बातों का ध्यान जरूर रखें–

1. फलों और सब्जियों को, रस निकालने से पूर्व अच्छी तरह दो-तीन बार तक धोएँ। साफ-सफाई का विशेष ध्यान रखें। छानने वाली छन्नी भी साफ हो, यह ध्यान रखें।
2. रस एकदम न पिएँ उसे घूँट-घूँट करके पिएँ ताकि उसमें मुँह की लार ठीक से मिल सके। इससे रसों का पाचन अच्छी तरह होगा।
3. पथरी (Stone) के रोगी चिकित्सक की सलाह से रस लें। क्योंकि कुछ फल और सब्जियाँ ऐसा माना जाता है कि पथरी बढ़ाने में सहायक होती हैं।

किन रोगों में कौन सा रस लें :–

1. **रक्त की कमी** में–पालक के पत्तों का रस, मौसमी, सन्तरा, अनार, अंगूर, सेब, टमाटर एवं गाजर का रस लिया जा सकता है।
2. **भूख की कमी में**–नीबू, टमाटर का रस लें।
3. **फ्लू एवं बुखार में**–मौसमी, गाजर, सन्तरे का रस लेना चाहिंए।
4. **अम्लता या एसिडिटी (खट्टी डकारें) में**–मौसमी, संतरा, नीबू, अनानास का रस लें।
5. **कृमि रोगों में**–लहसुन एवं मूली का रस पेट के कीड़ों को मार देता है।
6. **मुँहासों में**–गाजर, तरबूज एवं प्याज का रस लें।
7. **दमा में**–गाजर, पत्तागोभी, चुकन्दर एवं अंगूर का रस लें।
8. **पीलिया**–गन्ने का रस, मौसमी एवं अंगूर का रस दिन में कई बार लेना चाहिए।
9. **पथरी**–ककड़ी (खीरे) का रस लें।
10. **मधुमेह**–इस रोग में गाजर, करेला, जामुन, टमाटर, पत्तागोभी एवं पालक का रस लिया जा सकता है क्योंकि ये मीठे नहीं होते तथा आयुर्वेद के अनुसार शरीर में जाकर शर्करा की मात्रा कम करते हैं। अतः मधुमेह के रोगी के लिए फायदेमंद होता है।
11. **हृदय रोग**–लौकी (घिया) का रस एवं सूप हृदय रोगों में बहुत फायदा करता है।
12. **निम्न रक्तचाप**–इस रोग में अंगूर एवं सभी मीठे फलों का रस लिया जा सकता है।
13. **उच्च रक्तचाप**–इसमें गाजर, सन्तरा, मौसमी का रस लें।
14. **अल्सर**–गाजर, अंगूर का रस ले सकते हैं, कच्चे नारियल का रस भी अल्सर ठीक करता है।
15. **मासिक धर्म की पीड़ा**–अनानास का रस लें।
16. **कैंसर**–तुलसी के पत्तों का रस, गेहूँ के ज्वारे का रस तथा अंगूर, सन्तरा, अनार के रस ठीक रहते हैं।
17. **बदहजमी/अपच**–नीबू का रस, अन्नास का रस लें आराम मिलेगा।

कुछ अन्य पौष्टिक और फायदेमंद आहार हैं जिनका संक्षिप्त वर्णन नीचे दिया जा रहा है।

अंकुरित अनाज

अंकुरित अनाज की पौष्टिकता से प्रायः सभी परिचित हैं। वास्तव में अंकुरण, अनाजों, दालों को प्राकृतिक रूप से शक्ति सम्पन्न बनाने की प्रक्रिया है। अंकुरित अनाजों की पोषण शक्ति अंकुरण के पश्चात् आश्चर्यजनक रूप से बढ़ जाती है। इनमें उन सब तत्त्वों और विटामिनों की मात्रा बढ़ जाती है जिनकी अंकुरण के लिए जरूरत होती है। विटामिन 'सी' की मात्रा लगभग दस गुना बढ़ जाती है। इसके अलावा विटामिन 'बी' कॉप्लेक्स के विटामिन्स जैसे, रिबोफ्लेविन, थायमिन, निकोटिनि अम्ल की मात्रा भी दुगुनी हो जाती है। लौह तत्त्व की मात्रा भी बढ़ जाती है।

अंकुरण में रासायनिक परिवर्तनों के अलावा कुछ भौतिक परिवर्तन भी होते हैं। उदाहरण के लिए, यदि हम दालों को अंकुरित करें तो दालें काफी नरम हो जाती हैं। उनका ऊपरी खोल फटने के कारण उनके पकने में भी कम समय लगता है तथा इन्हें पचाना भी आसान हो जाता है। यहाँ तक कि अंकुरित अनाज जैसे चना, मूँग इत्यादि कच्चे ही खाए जा सकते हैं जो विटामिनों से भरपूर और अत्यन्त पौष्टिक भी होते हैं। कुछ बीजों के अंकुरण के पश्चात् उनका स्वाद भी बदल जाता है। जैसे–मेथी के दाने अंकुरण के पश्चात् उतने तीखे नहीं रहते। मधुमेह रोगी भी इनका प्रयोग कर फायदा उठा सकते हैं।

अनाजों को अंकुरित करने की विधि

गेहूँ, चना, ज्वार, उड़द, मटर इत्यादि अनाजों को आसानी से अंकुरित किया जा सकता है। जिस भी अनाज को अंकुरित करना है उसको कई बार अच्छी तरह पानी से साफ कर लें। फिर इसमें शुद्ध पानी की इतनी मात्रा मिलाएँ कि अनाज 8-16 घंटे तक इसमें भीगे रहने पर सारा पानी अपने अन्दर सोख ले। सामान्यतः 100 ग्राम अनाज में 50 से 60 मिली लीटर जल मिलाते हैं। पानी सोखने के पश्चात् अनाज के दानों को मलमल के कपड़े में लपेटकर किसी प्लेट में रखकर उसके ऊपर एक दूसरी प्लेट उल्टी करके रख देते हैं तथा लगभग 12 से 24 घंटे तक उन्हें अंकुरित होने के लिए छोड़ दिया जाता है। यदि आपके घर में इडली बनाने वाली प्लेट है तो इसमें भी दानों को रखकर ऊपर से गीला मलमल का धुला हुआ कपड़ा ढाँक देते हैं। यह ध्यान रखते हैं कि मलमल के सिरे पानी में डूबे रहें ताकि मलमल गीला बना रहे। तो इस तरह से हम सरलतापूर्वक अनाजों को अंकुरित कर सकते हैं।

उपयोग कैसे करें ?

अंकुरित अनाजों को कुछ नमक या नीबू का रस मिलाकर कच्चा ही खाया जा सकता है। विशेषकर चने और मूँग को इस तरह उपयोग में लाया जा सकता है। यह बेहद पौष्टिक आहार है।

अंकुरित दालों का व्यंजनों में भी उपयोग किया जा सकता है। जैसे कि दही बड़े, इडली, ढोकला इत्यादि को अंकुरित चनों को प्रेशर कुकर में उबालकर उन्हें हल्के तेल में तलकर, सलाद के साथ भी खाया जा सकता है। ये सामान्य चनों से ज्यादा पौष्टिक रहेंगे।

इस तरह हम बिना अतिरिक्त व्यय के अनाजों को अंकुरित कर उनकी पौष्टिकता कई गुनी बढ़ाकर उन्हें अधिक उपयोगी बना सकते हैं।

किण्वन

किण्वन अर्थात् फरमनटेशन या खमीर उठाना पुरानी पद्धति है। इस प्रक्रिया से शराब तो बनती ही है कई अन्य उपयोगी खाद्य भी बनते हैं। दूध का दही बनाना भी किण्वन का उदाहरण है। इसी तरह इडली, डोसा तथा उत्पम में प्रयुक्त होने वाली लपसी भी इसी विधि से बनती है। मैदा से ब्रेड बनाने में भी इस प्रक्रिया का उपयोग किया जाता है।

किण्वन क्या है ?

वास्तव में खमीर उठाना या किण्वन सूक्ष्म जीवाणुओं द्वारा होता है। उचित वातावरण मिलने पर ये जीवाणु बड़ी तेजी से बढ़ते हैं और जिस सामग्री का किण्वन होता है वे उसी का उपयोग कर उसे अन्य प्रकार के खाद्य में बदल देते हैं। उदाहरणार्थ, दूध के किण्वन में उसमें उपस्थित दुग्ध शर्करा एक कसैले पदार्थ में बदल जाती है। किण्वन के कुछ फायदे भी हैं जैसे कि सूक्ष्म जीवाणु विटामिन बी ग्रुप के कई उपयोगी विटामिन का भी निर्माण करते हैं।

इडली, ढोकला इत्यादि बनाने के लिए जब दाल-चावल के गीले मिश्रण को पीसकर रखा जाता है तो मिश्रण में उपस्थित एन्जाइम और वायुमंडल में उपस्थित हवा मिलकर किण्वन क्रिया करते हैं जिससे कार्बनडाइ-आक्साइड गैस बनती है जो बुलबुलों के रूप में बाहर निकलती है और इस कारण दुर्गन्ध सी आती है।

किण्वन के लाभ

पोषण की नजर से देखें तो इस प्रक्रिया के कई फायदे हैं। जिस तरह अंकुरण में विटामिन-बी के कई विटामिनों की मात्रा बढ़ती है उसी तरह किण्वन में भी इन विटामिनों की मात्रा दोगुनी बढ़ जाती है और इस प्रक्रिया से शरीर को लौह (Iron) भी प्राप्त होता है।

किण्वन के दौरान बने एन्जाइम भी हमारे शरीर के लिए उपयोगी होते हैं। जैसे दही से पेट की आँतों को कुछ ऐसे जीवाणु प्राप्त होते हैं जो शरीर के लिए कुछ जरूरी विटामिनों का निर्माण करते हैं।

किण्वन से बने खाद्य मुलायम और पचने में सरल हो जाते हैं। खाद्य पदार्थों की कोशिकाओं के आवरण तोड़कर, किण्वन के एन्जाइम उन्हें हल्का बना देते हैं, इस कारण शर्करा एवं प्रोटीन हजम होने में सुविधा रहती है। इस तरह किण्वन प्रक्रिया भी खाद्यों को पौष्टिकता और सुपाच्यता प्रदान करती है। अतः हमें अपने आहार में किण्वन युक्त खाद्य पदार्थों को भी स्थान देना चाहिए। लेकिन याद रखें शराब को नहीं, क्योंकि वह फायदे की बजाय शरीर का नुकसान अधिक करेगी।

10

जरूरी है, भोजन की स्वच्छता

सच बात तो यह है कि हमारे यहाँ भोजन की साफ-सफाई एवं शुद्धता पर पर्याप्त ध्यान ही नहीं दिया जाता इस कारण अनेक संक्रामक रोग होते हैं। घर में भले भोजन कुछ साफ-सफाई से बने, लेकिन प्रायः ही होटलों, ढाबों पर भोजन अस्वच्छ तरीके से तैयार किया जाता है। कई बार तो बासी भोजन गर्म करके परोस दिया जाता है। परोसने वाले भी साफ-सुथरे नहीं रहते। अतः हमें भोजन की स्वच्छता पर भी ध्यान देना चाहिए, ताकि कई रोगों से बचा जा सके।

भोजन की साफ-सफाई या स्वच्छता क्या है ?

भोजन की स्वच्छता से अभिप्राय होता है सभी प्रकार के खाद्यों को उचित ढंग से तैयार कर स्वच्छ रूप में ही खाने वाले तक पहुँचाना। चूँकि विभिन्न खाद्य पदार्थों की यदि सम्हाल न की जाए तो उनमें रोग के जीवाणु उत्पन्न हो जाते हैं, अतः भोजन की स्वच्छता और शुद्धता आवश्यक होती है। यदि भोजन जीवाणु युक्त है तो बहुत सी खतरनाक और जानलेवा बीमारियाँ जैसे—हैजा, पेचिस, टायफाइड, यकृत शोथ इत्यादि हो सकती हैं।

आइए विभिन्न खाद्य पदार्थों को कैसे स्वच्छ रखें, इस पर चर्चा करें—

(I) दूध की स्वच्छता—यदि दूध की साफ-सफाई इत्यादि पर ध्यान न दें तो दूध से कई तरह के गम्भीर रोग भी उत्पन्न हो सकते हैं। उदाहरणार्थ— दूँध में यक्ष्मा या टी. बी. के जीवाणु हो सकते हैं। टायफाइड या मियादी बुखार के जीवाणु भी उसमें होते हैं। इसके अलावा गन्दे बरतनों, प्रदूषित जल, मिट्टी, धूल इत्यादि के साथ मक्खियों से भी रोगों के कई प्रकार के कीटाणु दूध में मिल जाते हैं। इनसे निम्न प्रकार के रोग हो सकते हैं—

1. **दुधारु पशुओं से**—बावीन ट्यूबर कुलोसिस (यक्ष्मा), बसेलोसिस, गोचेचक (Cowpox), गिलटी रोग (Anthrax), किलनी द्वारा मस्तिष्क शोध (Tick borne encephalitis)
2. **मानव संवाहित एवं पर्यावरण से**—टायफाइड, पैरा टायफायड, ज्वर, हैजा, पेचिश, विषाणु जन्य यकृत शोध घट सर्प (Diphtheria)

इस तरह हम देखते हैं उच्च प्रोटीन प्रदान करने वाला पौष्टिक आहार दूध भी सावधानियों के अभाव में बहुत से गम्भीर रोग उत्पन्न कर सकता है। अतः दूध को जीवाणु रहित बनाने की सलाह दी जाती है।

दूध को जीवाणु रहित बनाने की सबसे सरल विधि है उबालना। हमारे यहाँ यह विधि सदियों से प्रचलित है, लेकिन दूध के उबालने से कुछ हानियाँ भी होती है। जैसे–

1. उबालने से लैक्टिक जीवाणु सहित उपयोगी जैव तत्त्व मर जाते हैं जिनका लाभ हमें नहीं मिल पाता है।
2. दूध में मौजूद विटामिन सी और बी की अधिकांश मात्रा उबालने से नष्ट हो जाती है।
3. दूध का प्रोटीन जम (स्कन्धित) हो जाता है।
4. दूध का स्वाद भी बदल जाता है।
5. दूध उबालने से दूध के उपयोगी एंज़ाइम नष्ट हो जाते हैं।

पाश्चरीकरण–दूध के उपयोगी पदार्थ नष्ट किए बिना, रोग कारक जीवाणुओं को नष्ट करने की एक भिन्न विधि वैज्ञानिकों ने विकसित की, जिसको पाश्चरीकरण कहते हैं। विश्व स्वास्थ्य संगठन ने पाश्चरीकरण की परिभाषा कुछ इस तरह की है–"दूध को केवल इतने तापक्रम और इतनी अवधि तक गर्म करना जिससे उसके पोषण मान एवं अन्य घटकों में कम से कम परिवर्तन हो, लेकिन उसमें मौजूद हानिकारक जीवाणु नष्ट हो जाएँ"।

पाश्चरीकरण के फायदे–पाश्चरीकरण से उपयोगी लैक्टिक एसिड वैसी लाई नष्ट नहीं होते। इसी तरह विटामिन भी कम नहीं होते। इसके अलावा दूध की प्रोटीन और दुग्ध शर्करा को भी इस विधि में कम नुकसान होता है। इस तरह पाश्चरीकरण दूध को सुरक्षित बनाने का उबालने से बेहतर तरीका है। डेयरियों द्वारा बड़े पैमाने पर इसी का उपयोग किया जाता है।

पाश्चरीकरण की कई विधियाँ हैं जैसे कि–

1. **हॉल्टर या वाट विधि**–इस विधि के अनुसार 30 मिनट तक 63 से 66° से. पर रखा जाता है फिर तुरन्त 50° से. से नीचे लाकर ठंडा कर दिया जाता है।
2. **कम समय के लिए उच्च तापक्रम विधि**–इस प्रक्रिया में दूध को 72° से. तापक्रम पर शीघ्रता से गर्म कर तुरन्त 50° से. से नीचे ठंडा किया जाता है।
3. **अधिक उच्च तापक्रम विधि**–इस तरह की पाश्चरीकरण की प्रक्रिया में दूध को 125° से. से 150° से. तक कुछ सेकेंड के लिए रखा जाता है और फिर शीघ्रता से ठंडा किया जाता है।

(II) मांस की साफ सफाई या स्वच्छता–दूषित मांस से भी कई तरह की बीमारियाँ हो सकती हैं। कई बार बाजार में बिकने वाला मांस-मछली संक्रमणकारी अथवा रोग उत्पन्न करने वाला होता है। अतः इस मामले में सावधानियाँ बरतना भी जरूरी है। दूषित मांस से निम्नलिखित बीमारियाँ हो सकती हैं–

1. **कृमि रोग**–कई तरह के फीता कृमियों का संक्रमण मांस द्वारा होता है।
2. **जीवाणु द्वारा**–जीवाणुओं द्वारा–गिलटी रोग (Anthrax), क्षयरोग एवं भोजन विषाक्तता।

मांस का परीक्षण

दुर्बल अथवा क्षयरोग, अतिसार इत्यादि संक्रमणों से ग्रसित पशुओं का मांस उपयोग नहीं करना चाहिए। मांस के परीक्षण में जब यकृत, फ्लू, क्षय या फेफड़ों के संक्रमण पाए जाते हैं तो उसे अनुपयोगी समझा जाता है। पशुओं की जाँच पशु चिकित्सकों द्वारा की जाती है और नगर पालिका अथवा नगर निगमों का यह भी उत्तरदायित्व होता है कि दूषित मांस का प्रयोग लोग न करें। वरना इनमें बहुत से लोगों में गम्भीर संक्रामक रोग फैलने का खतरा होता है।

अच्छे मांस के लक्षण निम्न है

1. मांस का रंग बैगनी या एकदम हल्का गुलाबी नहीं होना चाहिए।
2. उसमें सड़ाँध नहीं आनी चाहिए।
3. छूने में चिपचिपा या चिकना न होकर ठोस, लचीला होना चाहिए।

(III) अंडे–लम्बे समय तक संग्रह करने या उनका संग्रहण ठीक से न करने से वे उपयोग लायक नहीं रहते। अंडे ताजे होने चाहिए, इसकी जाँच दो प्रकार से करते हैं–

(अ) केंडलिंग–तेज प्रकाश डालने पर अंडा पारदर्शक दिखता है। भीतर दाग-धब्बे दिखने पर उसे अलग कर देते हैं।

(ब) अंडे को 10% नमक के पानी में तैराते हैं। ताजे अंडे उसमें डूब जाते हैं, जबकि बासी अंडे उतराते रहते हैं, उतराने वाले अंडों का उपयोग नहीं करना चाहिए।

(IV) फल एवं साग-भाजी–साग-सब्जियाँ भी गम्भीर संक्रमणकारी हो सकती हैं। यदि उन्हें उचित तरीके से इस्तेमाल न किया जाए। मल-जल से सिंचित या प्रदूषित भूमि में पैदा सब्जियाँ यदि बगैर धुले खाई जाएँ तो ये टायफाइड और कृमि रोग उत्पन्न करती हैं। कच्ची खाने वाली सब्जियों को पोटेशियम परमैगनेट के घोल अथवा नमक के पानी में कुछ समय डालकर, फिर पानी की तेज धार में कई बार धोना चाहिए। सलाद को काटने के पूर्व धोना चाहिए यह भी ध्यान रखें।

(V) अनाजों की सफाई–अनाजों की साफ-सफाई कर उन्हें स्वच्छ पानी से धोकर उपयोग में लाना चाहिए, क्योंकि उसमें कीटनाशक एवं मिट्टी इत्यादि की मात्रा हो सकती है।

भोजनालयों एवं रसोईघरों की स्वच्छता

कहा गया है सफाई ही दवाई है। हमारे पेट के भीतर जो खाद्य पदार्थ जाएँ वे साफ-सुथरे और स्वास्थ्यवर्धक हों उसके लिए रसोईघरों और भोजनालयों की उचित सफाई और देखभाल जरूरी है। इसके लिए निम्न बातों का ध्यान रखें–

1. रसोई या भोजनालय, नालियों या गन्दे नालों के पास, अथवा खुले कचरे के ढेर के पास नहीं होना चाहिए।
2. स्थान जमीन से ऊँचा और साफ-सुथरा हो।
3. कमरा का पर्याप्त क्षेत्रफल–(10 वर्ग मीटर) हो तथा वहाँ प्रकाश हवा की उचित व्यवस्था हो, एक्जास्ट पंखे सम्भव हो तो लगवाएँ।
4. धुएँ के निकलने की व्यवस्था के साथ ही वहाँ चूहे, तिलचट्टे न हो। खिड़कियों और दरवाजों में मक्खी/मच्छर रोधक जालियाँ लगवानी चाहिए।
5. रसोई के कचरे की अलग व्यवस्था हो, उसे रसोई घर के भीतर इकट्ठा न करें।
6. हाथ और फल-सब्जियाँ धोने के लिए साफ एवं पर्याप्त जल की व्यवस्था भी हो।
7. बर्तनों को गर्म पानी में डालकर फिर धोना चाहिए, इससे कीटाणु भी मर जाते हैं।

भोजन का संग्रहण–भोजन के संग्रहण का भी बहुत महत्त्व है, क्योंकि साफ-सफाई से बनाया खाना भी उचित तरीके से न रखा जाए तो विषाक्त बन सकता है, भोजन को कदापि खुला न रखें। कम समय के लिए ढँककर रखा जा सकता है, लेकिन कई घंटे रखना हो तो उसे फ्रिज में रखें। गर्मी के दिनों में तो विशेष रूप से भोजन के संग्रहण पर ध्यान देना जरूरी होता है। कई दिनों से रखे खाद्य जैसे–मिठाई, खोआ, मांस इत्यादि जाँच कर ही उपयोग में लाएँ।

एक और जरूरी बात

भोजन को परोसने वाला या बनाने वाला व्यक्ति यदि स्वयं गन्दा या रोग ग्रस्त है तो भोजन ग्रहण कर्ता को भी टायफाइड, पेचिश, यकृत शोथ इत्यादि रोग हो सकते हैं। अतः इन रोगों से ग्रसित व्यक्ति को भोजनालयों में नियुक्त नहीं करना चाहिए। त्वचा रोग, संक्रमित घाव या कान में मवाद से पीड़ित व्यक्तियों को भी यहाँ न रखें।

भोजन तैयार करने एवं परोसने वाले लोग ये सावधानियाँ रखें–

1. हाथ के नाखून कटे हों, और खाद्य पदार्थ छूने से पूर्व हाथ को साबुन से अच्छी तरह धोया जाए।
2. सिर ढका हो ताकि बाल न गिरे, विशेषकर महिलाएँ सिर ढाकें।
3. सम्भव हो तो खाना बनाने वाला एप्रिन (चोगा) पहनें।

4. भोजन के पास खाँसना, छींकना, उंगलियाँ मुँह में लगाना अथवा धूम्रपान करना वर्जित होना चाहिए।

याद रखें भोजन की उचित साफ-सफाई के अभाव में टायफायड, अतिसार, पेचिश, यकृत शोध (पीलिया), आँव, फीता कृमि, गोल कृमि एवं खाद्य विषाक्तता जैसे गम्भीर रोग हो सकते हैं। अतः केवल साफ-सफाई और भोजन की स्वच्छता द्वारा कई भयंकर रोगों से हम बच सकते हैं।

●●●